EL MUNDO SOCIAL DE
«LA CELESTINA»

BIBLIOTECA ROMÁNICA HISPÁNICA

DIRIGIDA POR DÁMASO ALONSO

II. ESTUDIOS Y ENSAYOS

JOSÉ ANTONIO MARAVALL

EL MUNDO SOCIAL DE
«LA CELESTINA»

SEGUNDA EDICIÓN REVISADA Y AUMENTADA

BIBLIOTECA ROMÁNICA HISPÁNICA
EDITORIAL GREDOS, S. A.
MADRID

860.9
M 36 m
67419
September 1969

© JOSÉ ANTONIO MARAVALL, 1968.

EDITORIAL GREDOS, S. A.

Sánchez Pacheco, 83, Madrid. España.

Depósito Legal: M. 7744 - 1968.

Gráficas Cóndor, S. A., Sánchez Pacheco, 83, Madrid, 1968. — 3103.

PRÓLOGO A LA PRIMERA EDICIÓN

No es fácil hallar en el marco de la Historia cultural obras que con tanto relieve literario como La Celestina *nos ofrezcan un cuadro tan ajustado y tan vivo de la sociedad en que se producen. Por eso, creemos que las líneas de una interpretación sociológica de* La Celestina *o, por lo menos, de algunos de sus aspectos cardinales, se han de corresponder con las que nos representen la imagen de la sociedad española a fines del siglo XV, cuyos trazos, por otra parte, coinciden en gran medida con los de la evolución general europea de la época. El siglo XV es, en nuestra Historia, una de las fases de más interesante sentido europeo, como pueda serlo más tarde el siglo XVIII. Y siendo rico y variado lo que de propio y peculiar de la situación cultural española se encuentra en aquel final del Medievo, hay, sin embargo, una estrecha correspondencia con lo que en otras partes de la común cultura occidental se da. Podemos, por ello, suponer que la aplicación de ciertas categorías historiográficas a nuestras obras literarias, artísticas, políticas, etc., surgidas de ese primer brote de la época moderna que es el siglo XV —más los primeros años del XVI—, ha de resultar siempre fecunda y esclarecedora.*

No pretendemos que una consideración de La Celestina, *desde un parcial punto de vista histórico-sociológico, nos per-*

mita descubrir el sentido total de la obra. Si nos colocamos en ese ángulo visual, no pretendemos negar licitud a los análisis de otro tipo a que pueda someterse, y, efectivamente, haya sido sometida, la Tragicomedia *de* Rojas *. Las interpretaciones de carácter estético, estilístico, psicológico, etc., de* La Celestina *darán siempre resultados valiosos, como lo demuestran los trabajos de Reischmann, de Gilman, de Samonà, de M.ª Rosa Lida de Malkiel, de Deyermond, de Castro Guisasola, obras cuyo número y calidad son una prueba del rico campo de investigaciones que la materia ofrece. Sobre ésta, como sobre cualquiera otra, la variedad y articulación de enfoques diferentes será siempre recomendable. En el estudio de los hechos humanos cada vez se comprende más la necesidad de un trabajo que, sirviéndonos del neologismo hoy al uso, llamaremos interdisciplinario. Por eso, no podemos dejar de hacer dos observaciones: 1.ª, que es absurdo pretender que un mero análisis crítico-literario o estético pueda resolver, por sí solo, los principales problemas de* La Celestina; *y 2.ª, que hay que caer en la cuenta de que sobre la base de criterios formales, de suyo limitados, se han acometido cuestiones que exigen ser contempladas desde otros lados o, por lo menos, completadas con otros enfoques, para llegar a obtener*

---

* Tomamos como base para nuestro estudio el texto de la obra tal y como quedó establecido, a través de colaboraciones y adiciones, en la edición de Sevilla de 1502. Este texto ha sido reeditado críticamente por Criado de Val y Trotter (Madrid, 1958). Las referencias a las páginas de esta edición, que tantas veces necesitaremos hacer, las insertaremos en el texto y no en notas al pie, para no cortar la lectura. El problema del doble autor, que puede darse por resuelto según los últimos trabajos, tiene para nosotros un interés muy reducido. La forma social que esta colaboración pueda significar, lejos de ser un producto hispánico, es un fenómeno literario muy de la época, como ha demostrado María Rosa Lida de Malkiel en su monumental estudio *La originalidad artística de «La Celestina»*, Buenos Aires, 1962 (ver en especial pág. 25).

conclusiones mínimamente aceptables. El ensanchamiento del campo visual de una determinada disciplina por quienes se mueven en el campo específico de ésta, de manera que el especialista se extienda a considerar aspectos que se salen del estricto marco de su trabajo, es admisible y puede ser fecundo; a veces ha llevado a descubrimientos que son francamente de estimar. Pero en tales casos es necesario tener conciencia de que se está en campo ajeno y, en la medida de lo posible, atender a lo que en él es ley, laborando con el modesto sentimiento del que juzga su trabajo como una aportación parcial y discutible.

Decimos todo esto, no para lección de otros, sino para que ese flexible criterio de estimación se aplique a las páginas que siguen, aceptando, por lo menos en sus límites, esta intromisión del análisis histórico-social en el mundo de una obra que, de no existir el Quijote, *sería probablemente la primera de nuestra* Literatura.

PRÓLOGO A LA SEGUNDA EDICIÓN

Confieso que siento un gran interés, como ya dije en el prólogo a la primera edición de esta obra, por todo trabajo de investigación e interpretación en el campo de la Historia que, sirviéndose de una articulación de puntos de vista propios de diferentes ciencias sociales y humanas, ponga de relieve la conexión, sistemática y lógicamente fundada, de las mismas. Creo que en el estudio, con un sentido de interdependencia, de los temas de nuestras disciplinas, desde enfoques en los que participen varias de ellas, está su futuro científico, si algún día este último adjetivo ha de poderles ser aplicable. En esa dirección he intentado orientar, cada vez más resueltamente, mis trabajos. Tal es, como ya dije, el sentido del ensayo que se contiene en este libro. Tengo, pues, que reconocer, sinceramente, la satisfacción que me ha causado la favorable acogida de que ha sido objeto.

Esta segunda edición de El mundo social de La Celestina *conserva íntegro el texto de la primera. He introducido, sin embargo, aparte de ligeras correcciones de estilo, algunas adiciones. Consisten éstas, sobre todo, en la aportación de nuevos testimonios de la época o de resultados establecidos por otros investigadores que se han ocupado en el estudio de la misma. Los primeros nos ayudan a comprobar, una vez* más, documentalmente, la presencia de una mentalidad social, claramente tipificada, en la que basamos nuestra interpretación. Los segundos, refuerzan nuestra propia tesis en algunos puntos esenciales.

Quiero dar las gracias a la Editorial Gredos por el amistoso trato que han dispensado al libro y a su autor.

I

LA CELESTINA COMO «MORALIDAD».

LA CONCIENCIA DE CRISIS EN EL SIGLO XV

Como tantas obras que se escriben en la Edad Media, como tantas otras que se publican en los siglos XVI y XVII, también *La Celestina* se presenta al lector con un fondo de filosofía, en el sentido de enseñanza moral sobre las cosas humanas. Desde su subtítulo, se ofrece como un libro de «castigos» y «avisos». Con toda su animada galería de personajes poco edificantes, con toda su exhibición de jóvenes descarriados, rufianes, prostitutas, alcahuetas, fanfarrones, etc., *La Celestina* pretende ser considerada como una «moralidad». Bataillon ha insistido, con acierto a nuestro modo de ver, en ese carácter de la obra, basándose en el testimonio del autor, en los de los autores de otras obras semejantes y en los de otros escritores. Sumemos a éstos el juicio de Luis Vives, que en época inmediata habla de aquélla y señala su superioridad moral sobre la comedia clásica. Añade Bataillon el argumento de que si la Inquisición no tocó nada importante en *La Celestina*, ni aun en los momentos de mayor rigor, a pesar de las manifestaciones tan crudas de su crítica anticlerical, fue porque reconoció en ella su condición de ejemplo moral [1]. Tal vez esta última observación no es del todo convincente, ya que la Inquisición no persiguió siempre con igual saña las mismas faltas y hasta mediados del xvi, en que empezó a ocuparse en censurar los libros publicados, no parece haber puesto barreras a la ola de literatura con elementos de franco carácter obsceno que venía propagándose desde el final de la Edad Media. Con todo, no deja de ser tal observación digna de tenerse en cuenta sobre el carácter de «moralidad» con que se califica por su autor la *Tragicomedia de Calixto y Melibea* [2].

Ciertamente que María Rosa Lida, en esa su magna *Summa* celestinesca, que ya llevamos citada, se ha opuesto a tal apreciación. Ella trata de poner de relieve la originalidad que campea en todos los aspectos principales de la obra. Para tal fin, toma un camino que parece orientado a muy contraria meta: un estudio exhaustivo de fuentes, antecedentes, reminiscencias, así como también de imitaciones y adaptaciones, y, a través del casi inabarcable volumen de datos que reúne, afirma la fundamental y plena originalidad de la obra, por la decisiva transformación que imprime a todos los elementos que en ella se integran: *La Celestina* supone una nueva e incomparable creación de caracteres personalísimos,

[1] «La Celestina» selon Fernando de Rojas, Paris, 1961, págs. 136 y 161.

[2] Si durante casi tres siglos La Celestina, varias veces denunciada ante el llamado Santo Oficio, no sufrió más que leves correcciones, en 1793 fue objeto de una prohibición total, como resultado del expediente que se siguió al pintor Luis Paret, acusado de poseer un ejemplar no enmendado. Pero aun entonces, la Inquisición reconoce la intención moralizadora del autor, si bien entiende que los medios y el lenguaje de que se sirve, tal vez aceptables en el siglo xvi, no son convenientes en una época en que la malignidad se ha hecho tan común (ver Defourneaux, L'Inquisition et les livres français au XVIII.e siècle, Paris, 1963, pág. 25).

llenos de la más viva y singular realidad, como seres de carne
y hueso. En consecuencia, no es una obra moralizante, didáctica, cuyo contenido es siempre impersonal y generalizable [3].
Y tiene razón por su parte la señora Lida de Malkiel. Pero
los dos aspectos no son excluyentes y en la fusión de ambos
y en la transformación que una obra de fondo moralizante
puede sufrir por la irrupción de una nueva conciencia de lo
personal está uno de los lados de la significación histórico-
social de *La Celestina* —obra que a su vez opera en el conjunto de la situación histórico-cultural de la época, viendo
en ésta el conjunto de las causas que dan lugar a las hondas
tranformaciones acaecidas en los temas que se encuentran
y desenvuelven en la literatura de su tiempo, entre la cual
La Celestina alcanza su condición tan moderna.

Sobre un interesante fenómeno de la cultura medieval
europea, hizo una observación Baltrusaitis que tiene valor
para aclarar lo que acabamos de decir. El escultor románi-
co, según aquél, al tener que someter sus figuras a la ley del
espacio arquitectónico —tan impersonal, tan geométrico—,
y, por tanto, al verse forzado a tener que insertarlas en la
esquina de un tímpano, de un capitel, se vio obligado a dar-
les gesticulaciones monstruosas, sometiéndolas a contorsio-
nes y deformaciones que les prestaron un tremendo patetis-
mo. Ello ayudó a capacitar la mirada para captar el drama-
tismo de los personajes reales, singulares, cuando fue esa
realidad de lo individual lo que empezó a interesar a los
artistas y a los espectadores de otra época, instalados en las
nuevas bases históricas de la misma [4]. De igual manera, un
arte o una literatura que quiere conservar una función moralizadora, a fines del xv y en el xvi, esto es, en los tiempos de

---

[3] *Ob. cit.*, págs. 292 sigs.
[4] *La Stylistique ornementale dans la Sculpture romane*, Paris, 1931,
páginas 310 sigs.

la experiencia renacentista que de una u otra manera afecta
a todas las sociedades occidentales, necesita adaptarse a la
nueva sensibilidad y, para hacer eficaz un ejemplo moral,
olvidarse del didactismo mostrenco de los apólogos medievales, presentándolo en forma que impresione la conciencia
personalísima de sus nuevos lectores. El afán de alcanzar,
sirviéndose de esa nueva manera, un fin general de moraliza-
ción, puede forzar —y, efectivamente, así fue— la captación
de lo individual y potenciar su realismo.

Bien que muchos hayan hablado del realismo del arte del
xv y aun de comienzos del xvi y no menos del realismo en
la literatura de ese tiempo, lo cierto es que en una y otra esfera se encierra un pensamiento simbolista, que se aplica a
las fábulas y ficciones representadas y les presta un sentido
trascendente, edificante. El análisis de las simbolizaciones
que se dan en un cuadro tan aparentemente realista como el
del matrimonio Arnolfini, por Juan Van Eyck, tal como ha
sido realizado por Panofski, es realmente definitivo; y sobre
la obra de Botticelli, han llegado a conclusiones semejantes
los estudios hechos por Wartburg. Procedimientos de esta
naturaleza —la transformación en símbolos de los objetos
del mundo natural—, utilizados con fines didácticos, eran
bien conocidos del arte y de la literatura medievales. Ampliamente se había sometido a este método la interpretación de
Ovidio. Pero hoy resulta indudable que en el Renacimiento
se continuó aplicando esa misma técnica: ejemplo bien conocido en la iiteratura española es la *Philosophia secreta* de
Pérez de Moya [5]. En las fases de máximo desarrollo del espíritu renacentista, siguió firme esa actitud de entender como «moralidades» las más carnales y crudas aventuras de la
mitología griega, como ha puesto en claro, entre otros mu-

[5] Ver ed. preparada por Gómez de Baquero, Madrid, 1928.

chos, un excelente estudio de Seznec [6]. Tal es también la interpretación que se da al género celestinesco, desarrollada y fundamentada, con todos los lugares comunes propios de la materia, en el largo prólogo de la *Tercera Celestina*: en él se explica cómo cabe servirse de fábulas llenas de peligrosas narraciones, para comunicar, por debajo de ellas, enseñanzas «sacadas del tuétano de la philosophía moral», cosa que el lector tiene que extraer con mucho cuidado, como se cogen las rosas de un rosal, evitando las espinas [7].

Sólo que ahora esos objetos naturales, o sobrenaturales —cosas, personas, dioses—, que se pretende presentar convertidos en símbolos, sacando de ellos un ejemplo elocuente, adoctrinante, necesitan ser, para que prendan en la sensibilidad de los hombres de la época, objetos concretos y singulares y, por consiguiente, caracterizados lo mejor posible en su individualidad —de ahí, la tendencia a transformar los dioses en héroes históricos, según la interpretación evemerista—. Tal vez el gran logro de *La Celestina* se halle en esto: en haber llegado a crear individualidades de tan fuerte y singular carácter que impresionaban como seres de carne y hueso, como seres que cada uno conocía en su dolor y en su drama, cuyo ejemplo quedaba grabado en cada uno, con la fuerza de algo acontecido a persona conocida y próxima. Las referencias a Calixto y a Melibea, en documentos del xvi, tomándolos como personas reales, así nos lo revelan.

Al mismo tiempo que se ponían de relieve los matices individualizadores de cada personalidad, capaces de proporcionarles un vivo aliento de realidad, era necesario, para no empañar ésta, disimular y aun alejar, en la medida de lo

---

6 *La survivance des dieux antiques*, Londres, 1940.
7 *Tragicomedia de Lysandro y Roselia, llamada Elicia y por otro nombre quarta obra y tercera Celestina*, 1542 (Col. de Libros españoles raros y curiosos, Madrid, 1872).

posible, la referencia moralizante. Creer que esto deriva de
una actitud de hipocresía es ingenuo. Se debe a un nuevo
procedimiento literario, condicionado por una nueva sensibilidad. De ahí que en los libros de confesada pretensión edificante de la primera mitad del xvi se produzca el fenómeno
de que se separe, de un lado, la realización artística o literaria de la obra, de otro, su referencia trascendente. Se reconoce más de una vez que la enseñanza moral no está explícita
en la obra, sino que el lector tiene que destilarla del fuerte
mosto que se le suministra. En los años que nos ocupan, Fernán Xuárez, un clérigo que traduce el escandaloso *Coloquio
de las Damas* de Pedro Aretino, pide una vez más «que todos
saquen de aquí el consejo que va encubierto y escupan y de-
nuesten en la corteza de carne en que va encubierto». Está
seguro el traductor de que puede hallarse en su trabajo «debaxo desta golosina la salud y el aviso que yo pretendo»;
pero dar con esa almendra de moral, corresponde al lector,
y no al autor descubrirla o explicitarla. Aquél, «si ve que,
según su condición, no podrá, o no sin gran dificultad, leer
los dichos libros, sin que estando leyendo venga a consentir
o holgarse de cosas que allí se cuentan, que son deshonestas
o de tal calidad que la persona no pueda holgarse en considerarlas sin que cayan en tal pecado mortal, en caso tal pecará
mortalmente en leer estos libros»[8]. Tal es la separación de
los dos aspectos, que en el trasfondo de la obra se pretenden
fundir: el que lee, en virtud de ello, está obligado con grave
responsabilidad a nutrirse del jugo moral de la obra, pero si
no es así, el autor no incurre en falta.

Simbolismo y tendencia moralizante serán un tópico, en
la presentación de las obras literarias del Renacimiento y
del Barroco, pero ello no quiere decir que sea una fórmula

---

[8] La obra fue publicada por Menéndez Pelayo en *Orígenes de la
novela*, NBAE, t. IV, págs. 251 sigs.

retórica sin valor; es, sí, un dato positivo para entender un pensamiento que permanece vigente durante muchos siglos. Muchos años después de *La Celestina*, al traducirse al español la *Comedia Eufrosina*, tres figuras destacadas de nuestras letras opinan sobre ella y aprueban su publicación. El maestro José de Valdivielso —en 1630— entiende que en la obra «la fábula es sentenciosa y ejemplar, despierta avisos y avisa escarmientos». El maestro humanista Ximénez Patón insiste en el mismo punto de vista, distinguiendo entre corteza y sustancia. Y, finalmente, Quevedo escribe: «debaxo del nombre de Comedia, enseña a vivir bien, moral y políticamente, acreditando las virtudes y disfamando los vicios...» [9].

Más de un siglo antes, *La Celestina* se inspira en un mismo sentido finalista y moralizador. Y esta manera de entender la obra es tan generalmente aceptada que los críticos ilustrados del XVIII se ven obligados todavía a hacerse cuestión de ella y a rechazarla expresamente. Pero, ¿cuál es el blanco moral de *La Celestina*?

En las palabras preliminares del autor a un amigo y en el subtítulo mismo de la obra, se declara haber sido escrita la *Tragicomedia*, «contra lisongeros y malos sirvientes» (páginas 7 y 18). La intriga de la vieja alcahueta con los criados rufianes y las rameras, es una parte esencial de la obra y no un simple relleno; constituye su verdadero fondo, conservado por todas las imitaciones del género celestinesco, y no una

---

[9] Ed. de Madrid, 1630 —primeras páginas sin numerar—. La distinción de «meollo» y «corteza» a que se acude con frecuencia para expresar ideas como las que acabamos de recoger en el texto, se repite mucho en nuestros escritores clásicos. Pero es equivocar gravemente el camino tratar de relacionar esa distinción con fuentes judeoislámicas. Es un lugar común de la Edad Media que subsiste secularmente. Sobre su papel en la literatura medieval, ver G. Paré, *Le Roman de la Rose et la scolastique courtoise*, Paris-Ottava, 1941, páginas 30-31.

externa corteza que entretiene y disimula. En ello ha insistido Bataillon y no se puede desconocer la muy fundada presentación que él ha hecho de ese nudo central de la obra [10]. Pero no menos es necesario advertir que, a través de esa historia de amos y criados, *La Celestina* apunta a algo más y tiene un alcance mucho mayor, en lo que no puede ser seguida por ninguna otra obra del género celestinesco, ni siquiera por la *Tercera Celestina*, que es la que más fielmente se atiene al prototipo, no obstante lo cual el nexo de amos y criados ha perdido en ésta casi por completo su relieve literario y sobre todo su decisiva significación histórico-social. A través de un problema elegido con gran acierto, *La Celestina* nos presenta el drama de la crisis y transmutación de los valores sociales y morales que se desarrolla en la fase de crecimiento de la economía, de la cultura y de la vida entera, en la sociedad del siglo xv.

Se trata de un problema social amplio, general en la época, por lo menos en los grupos urbanos más evolucionados. Atañe al conjunto de la sociedad. Tenemos que distinguir entre la imagen de la sociedad y de los hombres que el autor nos presenta y los fines que le mueven al hacerlo así. El autor no se dispone a defender a aquélla, ni nos invita a estimarla como valiosa y ejemplar. Hay en la obra —y tal es su propósito final— una reprobación de la sociedad que pinta, por lo menos en algunos de sus aspectos principales. De ahí, su carácter de «moralidad» o de «sátira» —en el sentido que la palabra tenía en la época, esto es, en cuanto crítica, con intención moralizadora, de un estado que se contempla—. Pero, al mismo tiempo —y tal es la gran ocurrencia de Rojas—, hay una aceptación de la sociedad misma que se critica, como plano del que hay que partir: Rojas llama la atención sobre ciertos aspectos desfavorables de la sociedad de

---

[10] *Ob. cit.*, págs. 136 y 137.

su tiempo, desde dentro de ella misma, esto es, adecuando
a las condiciones de esa sociedad su modo de operar, sirviéndose de los resortes que en tal circunstancia se le revelan eficaces.

Sin duda, el honor, el deber, la fama, el puesto social, etc.,
son principios vigentes para la sociedad española de fines
del xv, como lo son para cuantos componen todas las sociedades europeas contemporáneas de aquélla, incluida la italiana. Por eso es posible que se escriba una obra como *La
Celestina*. Pero, puesto que se trata de una sociedad cuyas
novedades —cuyos desórdenes, para una estimación tradicional— pueden dar lugar a graves males, y sembrar, a juicio de las conciencias más rigurosas, un común desconcierto
moral, se escribe, precisamente por eso, un «ejemplo» como
es *La Celestina*. Y se escribe utilizando los recursos de la
más compleja tradición literaria del «exemplum», transfor-
mándolos, eso sí, de conformidad con lo que requiere el espíritu de la nueva época. Tener clara conciencia de lo que esto
último suponía y haber conseguido captar con plena claridad
cuál era el estado vital de los hombres de la nueva sociedad,
es el más singular mérito de Rojas.

Esa crisis social a que hemos aludido empezaba en la
parte alta de la estructura social. Por eso, en la *Tragicomedia*
de Rojas es Calixto quien desencadena la acción dramática.
Pero el desorden interno que este personaje pone de manifiesto afecta ya a todos los estratos de la sociedad. La clase
de los señores, como clase dominante, es, sin duda, la responsable de la estructura y perfil de la sociedad. Mediante su
dominio de los recursos de que la sociedad en cuestión dispone, aquella clase determina el puesto de cada grupo social
en el conjunto, el sistema de sus funciones, el cuadro de sus
deberes y derechos, es decir, la figura moral de cada uno de
esos grupos. Como de la clase señorial depende la selección

de los bienes y valores que en una sociedad se busca conseguir, es también esa clase superior la que determina los valores que a las demás corresponden y los que ella misma se atribuye y monopoliza. En definitiva, la clase dominante es la responsable de las relaciones ético-sociales entre los diferentes grupos.

La relación de subordinación, desde las formas más institucionalizadas y definidas jurídicamente, hasta las más flexibles y espontáneas, constituye, como vio muy bien Simmel, una relación sociológica, un lazo engendrador de vida social, porque «aun en aquellos casos en que parece que en vez de una relación social existe una relación meramente mecánica y el subordinado se presenta como un objeto o medio en manos del superior y como privado de toda espontaneidad..., tras la influencia unilateral se esconde la acción recíproca que es el proceso sociológico decisivo» [11]. En una doble dirección —influencia de los amos sobre los criados y de los criados sobre los amos— se desenvuelve el drama de Calixto y Melibea y el de sus servidores, según una conexión que nos presenta una bien definida significación social.

En la calificación misma de «tragicomedia» que la obra acabó mereciendo a su definitivo autor, hay que ver una repercusión de ese planteamiento social del drama. Sin duda, Rojas nos da otra explicación; según él, el autor primero la llamó comedia; algunos, al leerla en su desarrollo posterior, opinaron que por su final triste debía llamarse tragedia; Rojas, partiendo por en medio la porfía, la califica de tragicomedia. Pero esto no es todo. Si bien la tendencia a definir lo trágico y lo cómico únicamente por la naturaleza del desenlace se iba imponiendo, lo cierto es que en la tradición aristotélica y latina, vigorizada por el humanismo, se tenía presente otro elemento. Tragedia y comedia se definían según dos

---

[11] *Sociología*, ed. española, Madrid, 1927, fasc. II, pág. 16.

planos sociales diferentes de la acción dramática: el aristocrático, heroico, en donde se dan los personajes capaces de los
grandes sentimientos y, en consecuencia, constituye la esfera de lo trágico; y el popular, antiheroico, ajeno a toda gran-
deza de alma y que, aun en los casos en que termina desfavo-
rablemente, se presenta siempre, por su falta de decoro, bajo
un enfoque que incurre en lo cómico. En el prólogo del *Anfitrión* de Plauto, de donde, como es sabido, arranca la deno-
minación de tragicomedia, se explica la invención del término por que en la obra aparecen reyes y dioses mezclados
con esclavos [12]. En *La Celestina*, la utilización por Rojas de
tal término denuncia la profunda fusión de ambos planos
sociales en su obra: los personajes pertenecientes a una y
otra esfera son igualmente protagonistas de la acción dramática, y no hay en ella un reparto, según la tradición clásica, en virtud del cual el elemento trágico se reserve a los
señores y el cómico a los criados, sino que éstos en gran medida se apoderan de la parte central de la tragedia. El grupo
proletario se instala en el centro de la acción; tal novedad
se muestra por igual en la doble cara tragicómica de *La Celestina*. Como un caso más de las sorprendentes intuiciones
de Rojas, de las que seguiremos encontrando otros ejemplos,
esta novedad literaria que él aporta coincide con uno de los
grandes fenómenos sociales de la época, tal como ha sido
puesto de relieve por J. Heers: la aparición del grupo social
proletario, si no con una plena conciencia de tal, como es
obvio, sí con atisbos de su general situación de desamparo [13].

---

[12] Ed. de A. Ernout, en la col. de «Les Belles Lettres», Paris, vol.
I, pág. 13. Rojas tenía muy presente el *Anfitrión* —de él toma el nombre del criado Sosia.

[13] Este grupo surge sobre todo en las ciudades con industria de
lana y seda y toma mucha parte en los transtornos políticos del final
del Medievo —*L'Occident aux XIVe et XVe siècle*, Paris, 1963; página 221.

Gil Vicente, en su *Tragicomedia de don Duardos*, utiliza también el vocablo, como vemos, y, sin embargo, en sus escenas no hay trágico dolor, no hay allí penoso y adverso desenlace; hay, sí, en cambio, una acción en que aparecen señores junto a campesinos y gañanes. Pero en Gil Vicente, las partes de unos y otros en la acción están bien separadas, precisamente por su condición social [14], lo que exige aquella doble calificación de la pieza. Muy diferentemente, Rojas, al independizar los sentimientos de lo trágico y lo cómico de la condición social de sus personajes, al liberarlos de toda referencia estamental, nos está dando ya un interesante testimonio de las internas tensiones que dentro de su sociedad se estaban produciendo y que tantos otros, en cambio, no acertaron a vislumbrar.

Hay datos suficientes en las páginas de *La Celestina* para hacernos comprender cuál es la raíz de la crisis que se vive, a juicio de la conciencia moral de la época, raíz que está dentro del hombre y que desde él se proyecta en la sociedad. Claro que hoy el análisis histórico del problema nos lleva, desde nuestro punto de vista actual, a pensar más bien que fueron ciertos importantes cambios en la sociedad los que removieron los modos de ser del hombre, y, una vez alcanzada esta base antropológica, se vino a producir a su vez, desde ella, una aceleración mayor en el proceso de las transformaciones sociales.

Al tratar de contener el desajustado proceder de Calixto, Pármeno, en una argumentación de carácter tradicional contra los peligros del placer, opone razón a opinión; se trata

---

[14] Ed. de T. R. Hart, Madrid, Clásicos Castellanos, págs. 161-227. Hay, sin embargo, en Gil Vicente, el arranque de una nueva estimación del hombre, bajo el problema de las diferencias estamentales —sobre el tema, ver Dámaso Alonso, «Tragicomedia de Don Duardos», edición, estudio y notas, Madrid, 1942, págs. 27 sigs.

de un tópico planteamiento aristotélico: opinión y razón, opinión y verdad, conducta según razón o según voluntad (páginas, 57 y 64). También el protagonista de la *Comedia Thebayda* se consume «siguiendo la voluntad y no la razón» y se nos advierte en ella que las gentes andan descarriadas, porque «muchas caminan tras la voluntad» [15]. Pero en la *Tragicomedia* de Rojas, el sentido de esta situación dramática queda a las claras, y ello es una muestra más de su muy superior valor literario. Celestina, que ha escuchado las palabras en que Pármeno juzga que no es razonable confabularse contra su amo, le responde: «¿qué es razón, loco?» (pág. 57). El planteamiento interrogativo del tema —anticipadamente shakespeareano— nos hace patente el fondo de la cuestión: las gentes pueden y tienen que preguntarse dónde está la razón, dónde la locura. Pues bien, la idea que inspira a Rojas al componer la *Tragicomedia* es que para gentes que pierden de esa manera el norte de sus acciones no hay más salida que la catástrofe.

Pármeno, ante el estado de Calixto, al que ve entregado a la maldad de Celestina y lo halla guiado por opinión, que contra razón domina su voluntad, concluye: «no es capaz de ninguna redención ni consejo ni esfuerzo» (pág. 48). ¿Quiere ello decir que el mal anula la capacidad de reacción del libre

---

[15] Ed. de la Col. de Libros españoles raros y curiosos, Madrid, 1894, páginas 13 y 535. El uso del tópico a que nos referimos, para explicar cualquier conducta desordenada, es común en el XVI. García Cereceda, por ejemplo, se sirve de él para explicar los tumultos en una ciudad: «todos guiados por opiniones y ninguno por razón» (*Tratados de las campañas... del Emperador Carlos V*, ed. Soc. de Bibliófilos Españoles, Madrid, vol, I, pág. 233). En Antonio de Guevara es muy frecuente: el hombre de aldea, a diferencia del cortesano, «bive conforme a razón y no según opinión» (*Menosprecio de corte y alabanza de aldea*, Madrid, Clásicos Castellanos, pág. 70). Sobre la base aristotélica de la doctrina, ver L. M. Regis, *L'opinion selon Aristote*, Paris.

albedrío y su posibilidad de salvación? Éste habría de ser
un grave problema para la época, tal como se plantea dra-
máticamente en el fondo del conflicto moral presentado en
La Celestina; problema que habría de enturbiarse más en la
polémica suscitada por las doctrinas del luteranismo acerca
del tema «de servo arbitrio» y que no se aclararía hasta los
decretos de Trento y las interpretaciones de la segunda escolástica, en especial de Luis de Molina. Rojas plantea el
tema según un cierto determinismo moral, no del todo con-
fesado, al cual se atiene a lo largo de toda la obra, y que es
muy propio del pesimismo del siglo xv. Sobre esa base, el
desatarse del drama de Calixto y de cuantos le siguen resulta
inevitable [16].

Es el drama de los hombres en un mundo desordenado
—desordenado, insistamos en ello, tan sólo desde el punto de
vista de una posición tradicional, claro está—. Esto, en virtud del determinismo pesimista del tiempo [17], ha de traer
consecuencias funestas y prácticamente insuperables en todos
los órdenes. El encadenamiento de causas y efectos que, como luego veremos, rige muy modernamente el mundo de *La
Celestina,* no permite más que una salida desastrada de una
situación así.

Ahora bien, ¿por qué considerar esa crítica situación como
desorden? He aquí el problema de fondo. El mundo se presen-

---

16 La afirmación del libre albedrío contra la fuerza del amor es,
en cambio, mucho más decidida, por lo menos doctrinalmente, en la
Tercera Celestina (ver ed. cit., págs. 257 sigs.), como obra escrita ya
en años que han conocido las graves disputas con los luteranos sobre
esa materia del libre albedrío.

17 A esta actitud histórico-espiritual y no a razones psicológicas y
menos raciales del autor hay que atribuir el hecho de que la jovia-
lidad, que hallamos en el *Libro de Buen Amor,* se haya perdido en
las páginas de *La Celestina.* Sobre ese pesimismo del final del Medievo, ver Huizinga, *El otoño de la Edad Media,* Madrid, 1930, I, página 45.

taba al hombre medieval, cualesquiera que fuesen las apariencias adversas que le surgieran al paso, como la perfecta unidad de un orden. Esa unidad se traducía en la unidad de Dios, en la del universo, en la unidad de una ordenación moral, en la unidad de un sistema social [18]. Orden y jerarquía fundaban esa unidad. Pues bien, esa unidad es la que queda fundamentalmente trastocada: se desorganiza la unidad del orden y se viene abajo la jerarquía entre cosas divinas y humanas, entre los valores morales, entre las clases y los individuos en la sociedad, tal y como tradicionalmente venían entendiéndose. En el siglo xv el sentido de esta crisis es claro, por mucho que todo esto haya que considerarlo en una fase inicial, cuyo sentido, sin embargo, algunos, y entre ellos Fernando de Rojas, advirtieron desde muy pronto.

Aunque sea arrancando de un tema muy pequeño y trivial, Celestina, dirigiéndose a una de sus muchachas, formula este pensamiento, en forma que bien parece pretender una significación general: «¿qué quieres, hija, deste número de uno?» (página 145). La Edad Media, como hemos dicho, había basado su concepción del orden del mundo en ese su principio de unidad, hasta tal punto y de modo tal que la unidad se convertía en un valor superior en todos los planos, condenándose, con el *Pseudo-Dionisio*, el número dos: «numerus infamis, quia principium divisionis». Con mentalidad tradicional había escrito Juan Rodríguez de la Cámara o de Padrón: «es un principio de arysmetica que dyze en unidad no aver dyvisyon» [19]. Ahora, en cambio, se contempla un mundo

---

[18] Es curioso observar que en el xv, renovando una observación aristotélica, Alonso de Madrigal proteste de que se pretenda conseguir demasiada unidad en la sociedad, al modo de la utopía platónica. Tal es el origen y tema principal de su «repetitio» *De optima politia.*

[19] *Cadira del honor*, en el vol, de *Obras* de este autor, ed. de Paz y Meliá, Madrid, Soc. de Bibliófilos Españoles; pág. 161.

plural, múltiple, diverso, en cuya variedad está su mayor valor. El número uno es condenado: nada puede hacerse con él. Recordemos que unas décadas después La Boétie escribirá su *Contr'un* desplegando las consecuencias de esa actitud en el plano de la política. Esas consecuencias para un espíritu conservador, no eran más que división y discordia.

Afirma Rojas en las primeras palabras del prólogo una idea que ha sido muy comentada: «todas las cosas ser criadas a manera de contienda o batalla». Nos parece demasiada doctrina la que se encierra en esa frase y demasiada argumentación la que en el texto del prólogo le sigue, para reducirlo al caso a que las aplica el autor. Por eso creemos que del uso que de tal idea hace Rojas podemos sacar posiblemente consecuencias más importantes. Llama la atención que Rojas remita a Heráclito y a Petrarca y omita las fuentes bíblicas, tan conocidas y citadas otras veces, sobre ese tópico. Procede a continuación a confirmar lo que esas plabras iniciales dicen y para ello echa mano de toda una serie de ejemplos del mundo natural: los elementos inanimados, los animales de tierra y mar, las aves, los hombres, que no cesan de luchar unos contra otros (págs. 13-16). Sacamos, pues, de ese pasaje mucho más de lo que cabía esperar: la imagen de un mundo de lo múltiple y variado, de un mundo concebido sobre base nominalista, de individualidades que se enfrentan y combaten unas contra otras, un mundo en pendencia de elementos pululantes y contrapuestos. Con tal imagen se abre la *Tragicomedia*. ¿No es cierto que parece todo ello una visión maquiavélica, sólo que extendida sobre el plano general y común de la naturaleza? Luego confirmaremos esta relación, que aquí, por primera vez, nos surge al paso, y nos surge, precisamente, en el momento mismo de abrir la obra.

Los hombres del siglo xv, bajo la crisis de las ideas tradicionales de unidad y armonía, vivieron agudamente un sentimiento de variedad y de contraposición. En esos años críticos la imagen del mundo como concurrencia y lucha parece
imponerse, desde el plano de las relaciones económicas de
mercado, que sobre esto ejercen una influencia decisiva, hasta el de las concepciones acerca del universo. Sólo en un mundo gobernado —o desgobernado, según la mentalidad tradicional—, por la competencia, puede tener lugar el drama de
La Celestina. Para el hombre del Renacimiento, desde su situación histórico-social concreta, el problema, en la economía,
en la moral, en las concepciones básicas sobre el universo
consistirá en restablecer una nueva y fundamental «concor-
dantia oppositorum», dicho según la fórmula de Cusa, la cual
está muy lejos de haberse convertido en la creencia general
de la época. Pero mientras, en el grupo de los personajes de
La Celestina, veremos luego a Pleberio, como conclusión del
drama que todos ellos han vivido, formular la tesis de que el
mundo es un desorden fortuito y contradictorio.

II

LA TRANSFORMACIÓN SOCIAL DE LA CLASE OCIOSA Y LA ALTA BURGUESÍA. LAS FIGURAS DE CALIXTO Y PLEBERIO

Con ajustada fórmula, Bataillon ha dicho que Rojas pinta «un dérèglement des critères moraux»[1]. A nuestro modo de ver, es el desarreglo de la clase alta, de la clase ociosa —tal como pudo ser considerado con un criterio moralista en su tiempo—, que va a repercutir sobre todo el cuerpo social. *La Celestina* nos da la imagen del mundo social del primer Renacimiento, sociedad que, en un plano destacado, nos presenta a la clase de los ricos bajo una nueva forma. Estos ricos son los grandes burgueses, los cuales, con la gran fuerza y poder que tienen en sus manos, penetran en el marco de costumbres y convenciones de la clase aristocrática, y lo hacen así llevando consigo una novedad importante, decisiva: que la base de su «status» no será la nobleza tradicional, con su rígido código de moral caballeresca, sino la riqueza. La posesión de grandes bienes queda asimilada a la nobleza. Y sobre esa base de la propiedad de los bienes se apoya la nue-

---

[1] *Ob. cit.*, pág. 191.

va clase ociosa, en un cuadro social que quedará inevitablemente afectado por esta situación. Es la clase de los «ociosos honorables», de la que, en la historia económica del Renacimiento, ha hablado Max Weber [2].

Se trata de un fenómeno común a todas las sociedades del occidente europeo, y en estricta conformidad con ello, característico de las circunstancias españolas de la época. Los tratadistas en materia de hidalguía —a diferencia del estereotipo que luego se generaliza en la literatura de nuestro siglo XVII (única a la que se ha prestado atención en ciertos casos)— presentan siempre la condición de rico como unida a la de noble. En realidad, ello pertenece a la más pura tradición nobiliaria del Medievo. Lo diferente en el XV, no es tanto la relación entre esas dos calidades, que ya de atrás se daba, cuanto la inversión de sus términos: que la calidad de rico determine la de noble. Y en relación con esto, precisamente, Juan de Lucena comentará que «al modo d'España, la riqueza es fidalguía» [3], considerando el hecho como un dato relevante de la sociedad española, él, que era, sin duda, buen conocedor de la vida italiana, con su naciente capitalismo.

La antigua distinción entre nobles, dedicados a las armas, y plebeyos, empleados en trabajos mecánicos, se transforma —aparte de otros aspectos— en el sentido de que el primer grupo, esto es, el de los distinguidos, no estará ya constituido por aquellos que ejercitan positivamente una función aristocrática muy determinada, como es la de guerrear, título en que se basaba su derecho a verse libres de función servil, sino que ahora entrarán en el grupo superior aquellos que

[2] *Historia económica general* (trad. española), México, 1956, página 274.

[3] *De vita beata*, ed. de Bertini, en *Testi espagnoli del Secolo XV*, Turín, 1950, pág. 132.

poseen medios de fortuna en grado tal que ello les permita vivir exentos de todo trabajo mecánico y productivo. De esa manera, respondiendo a la nueva situación social, el conocido verso de Jorge Manrique distinguirá entre «los que viven de sus manos y los ricos». Tal es el sentido sociológico de la clase ociosa, en virtud de las transformaciones sufridas por la sociedad estamental en el otoño del Medievo.

El término *ocio*, tal como aquí se emplea —diremos nosotros, siguiendo a Veblen—, no comporta indolencia ni holganza. Significa pasar el tiempo sin hacer ningún trabajo orientado a la producción de bienes materiales: 1) por un sentido de la indignidad del trabajo productivo; 2) como demostración, respecto a quien practica ese ocio, de una capacidad pecuniaria tan grande que le permite una vida de ociosidad [4]. A las alteraciones sociales que provoca la constitución de la nueva clase ociosa de los ricos, responde fielmente el mundo de *La Celestina*.

En el estadio de amplio desarrollo económico y en la situación cuasi-pacífica que alcanza la sociedad al término del Medievo, se produce el fenómeno de que los medios de que tradicionalmente se servía el caballero para conseguir reputación son reemplazados por medios económicos, medios con los que se alcanza aquella reputación social, en cuanto que permiten adquirir y conservar la riqueza. Si la propiedad, lograda como botín, empezó siendo estimada como testimonio de proeza y prueba de mayor valor, entre guerreros, más tarde, en el estadio pacífico de la sociedad, cuando la paz real se hace común a todo el territorio y la guerra se aleja de la existencia cotidiana, «la riqueza es ahora —dice Veblen— intrínsecamente honorable y honra a su poseedor» —incluso sucede así con la riqueza heredada, ya que, en cuanto repre-

---

[4] *La clase ociosa*, trad. de V. Herrero, 2.ª ed., México, 1951, página 41.

senta que la posesión de ella viene de largo tiempo, honra más [5]—. En estricta correspondencia con la mentalidad que la nueva situación suscita, López Pinciano, unas generaciones después de Rojas, hará ya referencia, como cosa de todos conocida, «al común lenguaje y opinión, que dize: la nobleza es antigua riqueza». Ésta determina aquélla, hasta el punto de que López Pinciano insiste: «en verdad los ricos ya se lo son, nobles digo» [6]. Para templar esta cruda opinión, desde su posición moralizante, lo único que puede hacer Pinciano es asegurar al lector que el virtuoso debe confiar en que obtendrá premios y honores que le aportarán la riqueza.

En la medida en que el esfuerzo violento y peligroso, que revela una gran capacidad depredatoria en el sujeto —eminentemente, la guerra—, no es ya siempre posible y a causa de que pueden, además, emplearse en la misma guerra otros medios que no son los del puro valor del caballero [7], se produce, en una fase así, el desplazamiento de las actividades del señor hacia nuevas formas subsidiarias de ocio —el torneo, la caza, y hasta veremos que el amor y aun la cultura—, todos los cuales son, en principio, quehaceres sin contrapartida económica. El siglo xv es una gran época de transformaciones en estos aspectos y en relación con ello es de observar cómo los tratados de educación y «espejos» de príncipes y señores —así el *Vergel de príncipes* de Sánchez de Arévalo— dedican una buena parte a exponer los deportes propios del noble.

---

[5] *Ob. cit.*, págs. 30-31.
[6] *Philosophía antigua poética*, ed. de A. Carballo, Madrid, 1953, t. I, págs. 121-122.
[7] Recuérdese, en atención a este cambio, la crítica de don Quijote contra las armas de fuego y contra el que introdujo tan diabólica invención, «con la cual dio causa que un infame y cobarde brazo quite la vida a un valeroso caballero». Ver mi obra *El Humanismo de las armas en don Quijote*, Madrid, 1948, págs. 62 sigs.

Antes, la superioridad de reputación de los miembros de la clase ociosa, en su etapa guerrera, se manifestaba en la abundante posesión de bienes y también de personas que, como siervos o esclavos, trabajaban para el señor. De bienes y esclavos se había apoderado éste por medio de sus armas y el dominio sobre unos y otros le libraba de trabajar. Su valor le eximía de trabajo material con lo que, andando el tiempo, la exención de trabajo manual fue testimonio de valor.

Ahora, en la etapa pacífica o económica, la superioridad se ha de reflejar también en un efectivo dominio sobre cosas y hombres. Estos últimos, como servidores, producen para el señor. La prueba de que se pertenece al alto estado de los señores estará en que todos conozcan cómo uno puede vivir sin trabajar, porque otros lo hacen para él. De esta manera, la abstención ostensible del trabajo es, como observa Veblen, «índice convencional de reputación», así como lo es también el gastar o consumir un gran volumen de bienes superfluamente, en pura ostentación [8]. La moral tradicional de la economía estática, dependiente del inmóvil estamentalismo de la Edad Media, tal como aquélla se refleja en la literatura de los «espejos morales», predicaba máximas de contracción en gastar, porque la nobleza feudal guerrera basaba en otras manifestaciones externas el público reconocimiento de su posición señorial. «Non ha ningund bien en gasto; bien fazer non es gasto», dice el *Libro de los Cien capítulos* [9]. Y, sin embargo, estaba ya gestándose una nueva situación social. Nuevos ricos que quieren ser reconocidos como nuevos señores, tienen que establecer formas adecuadas en las que externamente se proyecte su condición de distinguidos. La

---

[8] *Ob. cit.*, págs, 37 sigs., y 64 sigs.
[9] Ed. de A. Rey, Indiana Univ. Press, 1960, pág. 47.

ley del ocio ostensible y la ley del gasto ostensible son, pues, los dos fundamentos del «status» social de la nueva clase ociosa de los adinerados. Respecto a aquel que se atiene a esas leyes y que puede estrictamente seguirlas, todos podrán ver cómo él es un señor, puesto que no trabaja productivamente y es tan rico que puede gastar mucho sin trabajar.

Calixto responde fielmente a la figura del joven miembro de la clase ociosa, en ese último estadio de carácter económico que hemos definido. No hay en el texto de la obra ninguna alusión militar que le afecte, y, en sustitución de ello, demuestra ostensiblemente su ocio, practicando actividades o deportes meramente gratuitos —la caza, el paseo a caballo, el juego, el amor—. No sólo es rico, sino que lo ostenta. Cuando Sempronio le dice, para excitar su dadivosidad, que «es mejor el uso de las riquezas que la possessión dellas» (página 26), sabe muy bien que sus palabras armonizarán perfectamente con la mentalidad de su joven amo. La preocupación en éste por las galas de vestir, que se hace patente en momentos importantes de la obra y se repite en todas las novelas del mismo género, responde cumplidamente al esquema sociológico que hemos expuesto. La ostentación, esto es, la manifestación pública o social de todo lo bueno y rico que se posee o de que se goza, es ley en el mundo de *La Celestina:* «de ninguna prosperidad es buena la possessión sin compañía. El plazer no comunicado no es plazer» (pág. 153).

Son los hijos de una clase que trabajó severamente en acumular fortuna. Esos hijos actúan y viven bajo la pretensión, confesada o no, de cambiar de posición social. Sus costumbres, sus sentimientos, su conducta entera, vienen condicionados por la posesión heredada, no ganada, de ricos patrimonios. Sus padres habían vivido bajo la ley de un ahorro calculado, de una administración inspirada en alto decoro, sí, pero de severa medida en lo adecuado de sus gastos. Ha-

bía que ser liberal, pero ello consistía en medir y distribuir
convenientemente sus disponibilidades financieras. «Actus li-
beralitatis est bene uti pecunia», había dicho San Antonio de
Florencia, representante, como es sabido, de la generación
de los fundadores del capitalismo. Y un mercader del mismo
tipo, Paolo da Certaldo, dejó escrito en sus memorias: «Mol-
to è bella cosa e grande sapere guadagnare il denaio, ma più
bella cosa e maggiore è saperlo spendere con misura e dove
si conviene» [10]. Estos conquistadores de fortunas no recomien-
dan el no gastar, sino hacerlo con proporcionada adecuación.
Sus hijos no se salen de esta norma, aunque le den diferente
aplicación, cuando gastan espléndida y ostensiblemente en
lo que piensan que les conviene, esto es, en llevar una vida
de grandes señores.

Debido a la aparición de estos hijos de ricos, en el siglo
xv hay, comparativamente, un desarrollo inusitado de los
objetos de lujo. El refinamiento y multiplicación de los artículos de consumo (alimentos, bebidas, trajes, etc.) no deriva
de una preocupación de mayor utilidad o comodidad en el
uso de ellos, tanto como de las necesidades de una mayor
ostentación. Tenemos, poco anterior a *La Celestina,* un testimonio sumamente vivaz y pintoresco de esta nueva situación
social. Haciendo la crítica de su tiempo, escribe el bachiller
Alfonso de la Torre: «sabe que es venido al mundo el reino
de los cocineros, en tanto grado que se alaban muchos dellos
haber comido tal y tal cosa y en tal manera guisada... y tantos nombres hay de diversidad de vinos y de potajes, que no
basta memoria para retenerlos y a tal intemperanza son ve-
nidos que no solamente quieren hartar la gula, mas hacen
potajes en que haya colores para agradar la vista y olor de

---

[10] *Libri di buoni costumi,* ed. de V. Branca, Florencia, 1945; la
cita en pág. 78 —párrafo n.º 80 del texto.

suavidad a los otros sentidos» [11]. Contra la brutal gula que
lleva a querer cazar y aprovecharse de toda clase de animales raros para comerlos en los más extraños guisos, con los
más variados condimentos, acompañados de bebidas nuevas
y artificiales o de vinos de lejanas provincias, adobados con
insanas especias, se pronuncia también el autor de *El Crotalón* [12], una obra que tanto por la imagen que contiene de
los ricos ociosos y de sus vicios y desórdenes, como por su
referencia al trabajo y por su testimonio sobre el afán de libertad o de independencia por parte de quienes trabajan, se
emparenta estrechamente con *La Celestina*.

Hay un dato sumamente elocuente: eso que insistentemente se nos dice en el siglo xv, acerca del gusto de la época
por la complicación en las comidas, es algo que depende de
las exigencias de ostentación, hasta el punto de que se produce contraviniendo ideas médicas, vigentes entonces, según
las cuales es más sano y más conveniente para la vida servirse de un solo alimento sencillo. Lo sabe muy bien la vieja
Celestina: «ni ay cosa que más la sanidad impida que la diversidad y mudanza y variación de los manjares» (pág. 52).
Todavía décadas después, un médico lo declara en términos
semejantes. Lobera de Ávila, en su *Libro de experiencias de
Medicina*, se lamenta de que «agora no se contentan los hombres con un manjar, sino con muchos, que es cosa harto da-
ñosa» [13]. Sin embargo, vemos que la despensa de Calixto con-

---

[11] *Visión deleytable de Filosofía*, BAE, vol. XXXVI, pág. 391. También, en ese crítico siglo xv, Alfonso de la Torre, el Arcipreste de
Talavera, Juan Rodríguez de la Cámara y otros muchos, abominan de
la desordenada apetencia de lujo que por lo general domina sobre los
ricos y distinguidos de su tiempo.

[12] Ed. de A. Cortina, Col. Austral, págs. 43-44.

[13] Ed. de Toledo, 1544, fol. III. Preocupado médicamente por este
problema, Lobera escribió una obra titulada *Banquete de Nobles Caballeros o modo de vivir desde que se levantan hasta que se acues-
tan y habla de cada manjar qué complexión y propiedad tiene* —se

taba con provisiones ricamente variadas, a juzgar por la comida que con artículos sustraídos de ella prepara Pármeno
en casa de Celestina. Ello nos confirma cómo el lujo ostensible en el consumo era ley para un joven señor rico ocioso
como nuestro protagonista. Sempronio, cuando le alaba por
haber sido liberal con Celestina, o ésta cuando le adula a fin
de favorecer su inclinación dadivosa, y cuantos personajes
tratan con él o, en plano más bajo, con los de su séquito, dan
por supuesta la fiel sumisión de un personaje como Calixto
a la «ley del gasto ostensible». A fines de la Edad Media había
en Florencia una «brigata godericcia e spendericcia». Pues
bien, a esa joven brigada de gozadores y gastadores podía per-
tenecer sociológicamente Calixto. Y en su mundo y medida,
como corresponde a su condición femenina, Melibea.

No deja de tener sentido la observación que a continuación expondremos y que podríamos repetir sobre más de un
caso. En tiempos en que la clase ociosa aristocrática se basa
fundamentalmente sobre los vínculos de carácter familiar,
podemos leer en la *General Estoria* de Alfonso X que alguien
se enamora de unas damas «porque eran estas duennas de
grant sangre e fermosas»[14]. Sobre la importancia de la «alta
sangre» en las concepciones sociales del Rey Sabio, ha llamado
la atención la señora Lida de Malkiel[15]. Pero ya en la *Historia
troyana* descubrimos que un nuevo elemento ha sido introducido: en una conversación de amor, dice la doncella al caballero: «vos sodes tan preçiado cavallero e tan enseñado e

---

publicó en 1530 (hay reedición de Madrid, 1952). Del régimen de vida
de los señores dice poco Lobera, casi exclusivamente dedicado a hablar de manjares, pero algunos datos pueden recogerse.

[14] Ed. de Solalinde, Kasten y Oelschläger, Madrid, 1957, II, página 105.

[15] *La «General Estoria»: notas literarias y filológicas*, en *Romance Philology*, XII, 2, 1958, pág. 140.

tan rico e tan poderoso e de tan buenas costumbres» [16]. Recordemos los términos en que Calixto hace el elogio de Melibea: «Mira la nobleza y antigüedad de su linaje, el grandíssimo patrimonio, el excelentíssimo ingenio...» (pág. 33). Si Alfonso X recoge aún la opinión de que hermosura y linaje eran suficientes para provocar el amor, después, con el afán social de riquezas que el espíritu precapitalista expande, la posesión de abundantes bienes económicos tendrá su importante papel en el sentimiento amoroso para la clase ociosa de los ricos. Es el espíritu de la alta burguesía el que causa este cambio, como luego tendremos ocasión de exponer.

La aplicación del esquema interpretativo de que nos venimos sirviendo se puede seguir en otros aspectos. La creencia en la suerte, en el azar, y la atención a prácticas devotas que no derivan de una íntima y sincera religiosidad [17], completan el cuadro de Calixto como miembro caracterizado de la clase ociosa. Las alusiones y citas de una cultura libresca, artificial, difícil de adquirir y, en consecuencia, distinguida, de que nos ofrecen abundantes muestras en sus parlamentos Calixto y también Melibea, Pleberio, y aun sus sirvientes —luego hablaremos del proceso de transmisión de las calidades del señor al criado—, si hoy nos parecen constituir en el texto de la obra una carga erudita, absurda, infundada y hasta de mal gusto, están, sin embargo, perfectamente justificadas, desde el punto de vista sociológico, porque el saber, bajo forma de cultura literaria no productiva, es uno de los artículos de consumo que entran más de lleno en las convenciones de ostentación de la clase ociosa [18].

---

[16] Ed. de Menéndez Pidal, Madrid, 1934, pág. 153 —el dato encaja perfectamente con el origen histórico de la burguesía urbana.
[17] Veblen, *ob. cit.*, capítulos XI y XII.
[18] Renouard, *Affaires et culture à Florence au XIV.ᵉ et XV.ᵉ siècles, Il Quatrocento*, Florencia, 1954.

Todo ello nos da el cuadro de la alta clase distinguida, económicamente privilegiada, en la fase del primer Renacimiento. El rico ha desplazado al noble de rancio linaje, a no ser que éste acepte —cosa que empezará a verse a fines del siglo XVI— las técnicas de enriquecimiento de aquél, en dirección inversa a la que impulsa al rico a asumir formas de vida nobiliaria. Bajo este aspecto nos aparecen ya los ricos del mundo social de *La Celestina*. Procuraremos caracterizarlos desde más cerca.

Calixto es llamado por Sempronio «magnífico y liberal», y al recordarle la misma condición en su padre, le recomienda: «no te estimes en la claridad de tu padre, que tan magnífico fue, sino en la tuya» (pág. 26). Celestina le califica de «liberal y antojadizo» (pág. 107) y le elogia su magnificencia (página 198). La magnificencia es virtud que se atribuía a la alta clase adinerada, a los componentes de la clase ociosa cuando entraron en ella los grandes ricos burgueses, que en Castilla, como en todas partes, como en Florencia mismo, asumen formas de vida aristocráticas. El título de «magnífico» se hace tan frecuente atribuirlo al mercader en Castilla que finalmente Felipe II tiene que dar una pragmática prohibiéndolo [19].

Es cierto que en la primera entrevista amorosa de Calixto y Melibea, ponderándose recíprocamente los motivos de su amor, uno y otro hacen mención del alto nacimiento del amante. En otros lugares de la obra se repiten referencias análogas. Tanto se atribuye en ellas alto linaje a Melibea como a Calixto, y, por tanto, no tienen por qué, los que con juicio crítico e histórico hoy interpreten la obra, aceptarlas en un caso y rechazarlas en otro. Sin embargo, así han procedido

---

[19] H. Lapeyre, *Une famille de Marchands: les Ruiz*, Paris, 1955, página 161.

algunos con objeto de poder articular ciertas explicaciones
de tipo étnico, sobre aspectos más o menos complejos de la
acción dramática. Lo que sí cabe francamente observar sobre
los personajes todos de *La Celestina* es que el mundo social
a que pertenecen no es el de la nobleza tradicional —cualesquiera que sean las referencias al linaje—, sino el de los ricos
ennoblecidos, personajes cuya procedencia está en la alta
burguesía. que adoptan formas de vida de los nobles, y que,
al proceder de esa manera, provocan en esas formas sociales
nobiliarias graves transformaciones. Sin duda, los hidalgos
de casta más tradicional muestran también en ese tiempo
modos de comportamiento semejantes, modos que, en cambio
—y ello ya lo advertía y lo lamentaba en la época un escritor de mentalidad caballeresca como Diego de Valera—, eran
diferentes de los que en la vieja aristocracia regían para sus
miembros. Pero este último fenómeno se debe a que son precisamente aquellas alteraciones en la moral nobiliaria, pro-
ducidas por la nueva clase ociosa adinerada, las que se im-
ponen. Los trastornos que, en el orden tradicional de la moral y de la sociedad, puede acarrear la influencia de la vida de
los mercaderes, preocupaban ya con anterioridad a García
de Castrojeriz [20] y a Sánchez de Arévalo [21], no porque el mercader sufriera el peso de una opinión adversa —basta recordar en contrario el juicio de Sánchez de Arévalo en su *Espejo
de la vida humana*—, sino por las costumbres exóticas que
con sus relaciones venía a introducir. A fines del xv, la entrada de los ricos, cada vez en mayor número, en el marco
de la vida aristocrática, hace incontenible esa alteración o
relajación que sus diferentes costumbres, gustos y valoraciones provocan.

[20] *Glosa castellana al Regimiento de Príncipes,* ed. preparada por
J. Beneyto, Madrid, 1947.
[21] *Suma de la Política,* BAE, vol. CXVI.

Los desplazamientos de fortuna y, con ellos, la transformación del estado social de los ricos, es un fenómeno ates-
tiguado en fuentes coetáneas y del que algunos tuvieron clara
conciencia. Hernando del Pulgar consideraba el hecho tan
normal y tan comúnmente aceptado, que llegó a calificar de
reformadores a los que, desde una posición puramente con-
servadora, trataban de oponerse a él [22]. Rojas, cristiano nuevo, por su procedencia judaica y por su profesión de aboga-
do, estaría próximo a los medios de la burguesía mercantil,
tal vez sin participar de ella, y se sentiría preocupado por la
relajación o desmoralización —en el sentido de la moral social tradicional— que en tales medios se producía, por la
caída de los viejos vínculos y el olvido de las viejas convenciones sociales que las relaciones mercantiles traían consigo.
No se trata —insistamos en ello— de que se desestime la vida
del comercio —de lo que todavía se aprecian algunos casos,
como el de Antonio de Guevara [23]—, sino de que, aun estiman-
do la función del mercader, se juzga que, debido a sus viajes
por otros países y entre otras gentes, su trato engendra siempre relativismo y pérdida de vigor de las costumbres anti-
guas —como el mismo Sánchez de Arévalo denunciaba. Sin
duda, esta idea se encuentra en Cicerón [24], pero el simple he-

---

[22] *Letra para un su amigo de Toledo*, en el vol. del autor *Letras*.
Clásicos Castellanos, Madrid, págs. 69 sigs. —«asimismo se sufre gravemente ver riquezas en ommes que se cree no las merecer, en especial aquellos que nuevamente las ganaron... ¡oh tristes de los nuevamente ricos, que tienen guerra con los mayores porque los alcan-
çan y con los menores porque no pueden alcançar! Devrian considerar los mayores que hovo comienço su mayoría e los menores que
la pueden haver».
[23] Guevara no acusa a los mercaderes o tratantes por su propio
estado, sino a los hidalgos que por codicia se sienten atraídos a imi-
tarlos. *Marco Aurelio*, Sevilla, 1532, folio CLXXI sigs.
[24] *De Republica*, II, IV; texto y trad. de Appuhn, Paris, Garnier,
página 85.

cho de que antecedentes de esta naturaleza se actualicen en el xv, revela un estado social congruente. Un trastorno en la vida de la sociedad traído por las relaciones cosmopolitas, exóticas, de los ricos, esto es lo que ya en los hijos de la gran burguesía se ponía por entonces de manifiesto, aunque en las nuevas maneras ennoblecidas de sus jóvenes no quedara a veces aparentemente ni el recuerdo del tipo de vida burguesa de que procedían.

Es revelador el dato de las alusiones a la mercancía, esto es, al objeto de la actividad predominante de los burgueses, que se repiten en el texto de *La Celestina*, incluso en momentos de máxima intensidad de la acción dramática. Mencionemos algunas de ellas. Sempronio, al recomendar a Calixto que no se impaciente por la obtención de Melibea, le advierte no piense que pudiera ser «como si ovieras embiado por otra qualquiera mercaduría a la plaça en que no oviera más trabajo de llegar y pagalla» (pág. 160). Para expresar, en otra ocasión, su pesimismo, le oímos decir: «mala cosa es de conocer el hombre. Bien dizen que ninguna mercaduría ni animal es más difícil» (pág. 106). Análogamente, Pleberio, cuando se lamenta del mundo por la desdichada suerte que le ha cabido en él, asegura que «lo contaré como a quien las ventas y compras de tu engañosa feria no prósperamente sucedieron» (pág. 296). Una feria con sus compras y ventas de mercancías, es la imagen que le viene a la mente en tan triste ocasión.

Pero es más. En su lamentación por la muerte de la que llama su rica heredera, Pleberio exclama: «¿Para quién edifiqué torres? ¿Para quién adquirí honras? ¿Para quién planté árboles? ¿Para quién fabriqué navíos?». (págs. 295-6). Estas frases no han sido objeto de una interpretación satisfactoria. Al tratar de localizarse la acción de la *Tragicomedia*, en Toledo, se sostuvo que esos navíos no serían otra cosa que

artefactos flotantes que se deslizarían por el río Tajo, en fies-
tas acuáticas como las que en fecha posterior describe Tirso
de Molina. Pero. aparte de que esta referencia de Tirso es
muy tardía y corresponde a una época barroca de ilusión por
toda suerte de artilugios mecánicos empleados en juegos
sociales, lo cierto es que en otro pasaje Melibea habla también
de los navíos que se contemplan de lo alto de la azotea de su
casa, y ya es esta demasiada insistencia en los navios para
que los reduzcamos a los artefactos que tal vez algún día
aparecían sobre el Tajo, pero cuya contemplación desde las
las azoteas toledanas no sería en ningún caso fácil ni cotidiana. Una vez, además, que se ha visto que la localización
de la obra de Rojas en Toledo no se puede mantener, no hay
por qué dejar de admitir que se trata, en las dos alusiones
que hemos señalado, de auténticos barcos. Fabricar navíos
es cosa que se atribuye Pleberio como importante actividad
y no cabe duda de que no puede reducirse a la de construir
algún pequeño barquichuelo que navegue por un río. Nadie a
esto llamaría haber fabricado navíos, ni hoy, ni menos en el
siglo xv, en que la palabra, de reciente difusión, designa embarcaciones importantes. Pleberio es, pues, por confesión propia, constructor o armador de naves, que ambos sentidos pueden tener sus palabras. María Rosa Lida ha hecho observar
que en la obra de Petrarca *De remediis utriusque fortunae*
—cuya influencia sobre *La Celestina* es tan amplia y relevante— aparece también un personaje en cuyas naves se cargan
ricas mercadurías [25]. De ahí viene la mención de los navíos
de Pleberio en *La Celestina*, lo que acaba de aproximarle a
la figura del gran mercader que ejercita el comercio marítimo,
esto es, la forma de relación económica más importante en
las primeras etapas del capitalismo. Tengamos en cuenta que

---

[25] *Ob. cit.*, pág. 473.

los peligros de la ciudad marítima, desde el punto de vista
de la moral social —de los cuales advertía también Sánchez
de Arévalo [26]—, son, bajo influencia de lecturas clásicas, un
tópico en la época. Ello completa el marco en que Rojas quiere
situar el drama del desarreglo de los juicios morales que presenta en su *Tragicomedia.*

Todas esas cosas que Pleberio enumera —torres, árboles,
navíos, honras— son bienes económicamente valorables y
susceptibles de herencia. En su mismo parlamento volverá
poco después a hacer referencia a su patrimonio, a sus mo-
radas, a sus grandes heredamientos, insistiendo en la idea de
que de todo ello va a quedar sin alguien que pueda sucederle.
Hay que considerar que incluso esas «honras» son distincio-
nes sociales que con su riqueza consiguió. «Adquirí honras»,
dice Pleberio, y, dado que no hay alusión alguna de tipo caballeresco en su biografía, y teniendo en cuenta que de esas
honras hace mención a la vez que de otros bienes económicos, tenemos que considerarlas adquiridas por él según el
mismo procedimiento que esos otros bienes. Son los honores
sociales que el rico burgués compra con su dinero, introdu-
ciéndose en formas de tipo nobiliario, por la nueva vía de
la riqueza. Para terminar nuestra interpretación, tengamos
en cuenta que de todo ello habla Pleberio en una imprecación
a la fortuna, a la que ha llamado administradora de los bienes materiales: casas, tierras, honras, son, pues, bienes materiales, económicos, que la riqueza, como ministra de la
fortuna, que así es llamada, le ha proporcionado; son elementos del «decoro» social, que él, como rico burgués, en
sus años de actividad, ha adquirido y que la generación de
los hijos heredará, en perfectos representantes de la clase
ociosa de nuevo cuño.

---

[26] *Suma de la Política,* BAE, CXVI, pág. 264.

Tal es el proceso de ennoblecimiento del burgués rico, conforme al tipo a que pertenece Pleberio, el cual ejerció en años anteriores el comercio por mar. No dejemos de tener en cuenta que en el siglo xv y en el xvi, renovando un criterio de estimación social de procedencia clásica —los clásicos no influyeron sólo en el verso horaciano o en materias parecidas, sino en otros muchos aspectos de la vida—, se impone la tesis de que el comercio en grande, y que mueve considerables riquezas, es honorable y como tal se convierte en fuente de ennoblecimiento. Así lo había sostenido Cicerón [27] y así se pensaba y se practicaba en la Europa del Renacimiento. A mediados del siglo xvi, en la traducción de uno de los libros más leídos en el momento, el *De la invención y principio de todas las cosas* de Polidoro Virgilio, se recoge la idea, aunque con cierta contención: «La mercaduría si es de cosas menudas y de poco valor, por vil y baxa se deve tener, mas si es grande y abundante y trae muchas cosas de toda parte y vende y reparte lo que trae, sin vanidad y mentira con todos, por cierto en tal caso no es muy digna de vituperio» [28]. Se trata de una traducción casi literal de Cicerón [29]. A fines del mismo siglo, todavía expone la tesis, como criterio general y con plena aceptación, López Pinciano [30]. En el xvii, la continuidad de este fenómeno es conocida y la diferencia podrá encontrarse en que se acentúan sus caracteres y en que la general pretensión de ennoblecimiento de los ricos se extiende, hasta provocar su ridiculización en la literatura [31].

[27] *De Officiis*, I, XLII, Paris, Garnier, pág. 87.
[28] Ed. de Amberes, 1550, folio 138.
[29] *De Officiis*, loc. cit.
[30] *Philosophia antigua poética*, ed. cit., t. I, pág. 161: «La mercaduría en gruesso es officio muy noble por la utilidad universal que trae a las repúblicas».
[31] En Lope, en Moreto, etc., es tema frecuente. En Francia, lo es en Molière. Hay, aunque de fecha avanzada, un testimonio francés de este proceso de ennoblecimiento que tiene interés. Louis Turquet

En el pasaje de su *De Officiis* que acabamos de recordar, Cicerón hace un comentario interesante: el rico mercader, ya entrado en años, satisfecho de su ganancia, después de haber recorrido tantas veces la alta mar, se retira del puerto a sus posesiones en el campo [32]. Pues bien, la doble referencia a los navíos y a sus grandes heredamientos, en las palabras de Pleberio, coincide con ese esquema. Todo, pues, conduce a dibujar la figura de Pleberio como la del rico comerciante que se retira de los negocios marítimos, construye espléndida morada en la ciudad —esas torres que dice haber edificado—, invierte su dinero en propiedades territoriales, cuya revaloración provoca, y se procura un decoro social que en-

---

de Mayerne, de origen italiano y de familia de mercaderes enriquecidos, escribe una obra: *La monarchie aristodémocratique*, publicada en París, 1611. De ella son estos párrafos: «Nature mettra une inclination vehemente en quelqu'un à la marchandise, lequel ayant le gain pour but deviendra un gran negociant et, par art et diligence, amassera ample richesse. Jusque la il a fait progrés en certain espèce d'honneur que nous appelons privé et domestique, lequel ne passant point les commodités de sa maison et famille, ne le fera celebrer que pour un riche et accommodé marchand. Mais si un tel homme par art reglé, à sçavoir par amour qu'il porte à la police et par la révérence de la justice, a procedé en son trafic loyalement et avec foy et vérité alors l'on y adjustera que c'est un marchand riche mais loyal, fidèle et qui va rondement en besoingne. Si puis, en conversant parmy les gens qualifiez, voire pour le faict de sa marchandise et que la il se forme le jugement en sorte qu'il puisse concevoir une vertu solide, qui l' induise à user de ses richesses splendidement et libéralement, il se fera sans doute admirer, désirer et estimer digne estre advancé aux honneurs de la Police, qui sont ceux qui donnent degré et pied ferme à la Noblesse», texto publicado por R. Mousnier, *L'opposition politique bourgeoise à la fin du XVI.ᵉ siècle et au debut du XVII.ᵉ siècle*, en la *Revue Historique*, CCXIII, 1955, págs. 7 y 8. El cuadro que de Pleberio y su casa se nos pinta en *La Celestina* parece presentárnoslo en la fase intermedia de esta evolución o alcanzando la etapa final.

[32] «Atque etiam, si satiata quaestu, vel contenta potius, ut saepe ex alto in portum, ex ipso portu in agros se possessionesque contulerit, videtur iure optimo posse laudari», *loc. cit.*

noblezca su linaje. «Adquirí honras», dice Pleberio, no «heredé». Es esa honra que, insistamos en ello, consiste en las manifestaciones externas de un «status» social. Esa honra de la que dirá Sempronio —y ello nos ayuda a comprender el valor del término en el contexto de *La Celestina*— «que es el mayor bien de los que son fuera de hombre» (pág. 62); por tanto, un bien externo, «el mayor de los mundanos bienes», que se adquiere con los medios de fortuna [33].

Respecto a la figura de Calixto, el carácter de joven ennoblecido de procedencia burguesa, se confirma si vemos lo endebles que resultan para él los vínculos nobiliarios y la escasa base que tiene la organización aristocrática de su vida. Apenas si se encuentra una sola mención de parientes y amigos, muy lejana y débil, en comparación con el modo que pudiera tener de considerar la parentela un joven de antiguo linaje distinguido. Carece de hábitos señoriales ancestrales, de los que no le vemos practicar más que los más exteriores e inertes —levantarse tarde, seguir devociones rutinarias, vestirse con ostentación, etc. Se entretiene en deportes de contenido caballeresco subsidiario, sin otra excepción que la caza, de modo que no hay la menor alusión militar en torno a él. Llama la atención la poquisíma familiaridad que todos, en torno a Calixto, tienen con las armas, lo extraño que se les hace a los seguidores de este joven amo ir armados.

---

[33] Hay una tendencia en Rojas que pasa a toda la literatura celestinesca, por acentuar el carácter externo, ajeno a toda virtud moral, de la honra. El proceso de petrificación del honor caballeresco y aun de todo honor estamental, convirtiéndolo en un mero decoro o apariencia social, llega a su extremo en estas obras. Ello corrobora que el origen de su prototipo se encuentra, dicho una vez más, en la crisis social del xv. Hasta tal punto el «status» social ha quedado ligado a la riqueza económica, y así, al recomendar Celestina a Pármeno que ante todo atienda a su provecho, no deja de decirle: «toma mi consejo, pues sale con limpio deseo de verte en alguna honra» (página 133).

Por otra parte, la única referencia a la actividad venatoria del joven señor se reduce a una vaga y tópica noticia de caza de aves. A nadie, al recomendarle huya de los peligros del amor, se le ocurre proponerle se entregue a empresas guerreras. Ninguna noticia de éstas se interfiere en su mundo, a pesar de que, aunque se publicara más tarde, la obra se escribía en años próximos a las guerras de Granada y primeras de Italia[34]. Sus servidores son de poca calidad o improvisados —como ese mozo de espuelas que tiene que hacer las veces de criado personal. No hay mención de posibles propiedades señoriales, y en cambio hay una referencia curiosa: poniendo de manifiesto que es para ellos práctica habitual, empleándola como imagen en conversación con Calixto, Sempronio habla, como ejemplo, de pequeñas y cotidianas compras en la plaza, y ello no responde al modelo de una gran casa antigua, porque para las casas de vieja y poderosa nobleza acudir con frecuencia a la plaza era un desdoro. En la hacienda familiar de un señor de amplia propiedad territorial se tenía que dar una base autárquica de consumo de la propia producción, por lo menos en los géneros alimenticios que eran los que en la plaza local se ofrecían como objeto de compra diaria o frecuente. El viejo principio de la economía doméstica, «nihil hic emitur, omnia domi gignuntur» (nada se compra aquí, todo se hace en casa) no sólo se aplica rigurosamente en las economías señoriales, sino que adquiere un valor social, también de tipo ostentatorio, de manera que al criado de un verdadero noble no se le ocurriría dar precisamente la impresión de que se acudía a la plaza. En una casa grande no cabe acudir a aquélla en compras diarias para

---

[34] No se diga que se trata, respecto a *La Celestina*, de una obra de amor, porque precisamente eran éstas cuestiones íntimamente ligadas. Por eso, es muy diferente lo que se observa en la novela de tipo sentimental, que en la época responde a otros aspectos sociales.

abastecerse, «ca el que cada día compra —dirá el autor de
la *Glosa castellana al Regimiento de principes*— más paresce
peregrino o viadante que morador ni ciudadano [35]. En todo
caso, en la intendencia del rico tradicional y poderoso se
compra en grueso y no con repetida frecuencia. Recordemos
la meditación de Lázaro cuando acompaña al hidalgo tole-
dano por las calles: «Yo yva el mas alegre del mundo en ver
que no nos aviamos ocupado en buscar de comer. Bien con-
sideré que devía ser hombre mi nuevo amo, que se proveya
en junto» [36]. Una economía de gran señor seguía siendo una
economía tradicional o de subsistencia, una *oeconomía*, basada en la autonomía doméstica de provisión, ajena al mercado urbano y a su crematística [37].

En los ricos de reciente elevación se dan faltas sociales
con frecuencia. Su comportamiento ofrece fallos notorios,
porque su fe en las cláusulas del código del honor estamental
es débil. Es el caso de los ricos recientes, en su alto nivel social. Ello llegó a constituir un fenómeno característico de los
siglos XV y XVI. Hay en Calixto, y más o menos acusadamente
en los restantes personajes distinguidos de *La Celestina*, una
falta del sentido del honor. Es cierto que estamos aún lejos
de la época calderoniana y que, a fines del XV, la impresión
de libertad en la vida privada es grande en Castilla y en el
resto de la Península. Hay obra del género celestinesco en
la que se dice que los adulterios y otros yerros semejantes
«es cosa tan frecuente, tan usada, tan común en todas las

---

[35] Traducción parafraseada, atribuida a fray Juan García de Cas-
trogeriz, del *De regimine principum* de Egidio Romano, edición de
J. Beneyto, Madrid, 1947; la cita en el vol. II, págs. 22 y 23.
[36] *Vida de Lazarillo de Tormes*, ed. de Cejador, Clás. Cast., Madrid, pág. 150.
[37] Ver Braudel, *Sur une conception de l'Histoire sociale*, en *Annales. Economies, Sociétés, Civilisations*, 14-2, abril-junio, 1959, pág. 311.

naciones y más la española»[38]. En ese género celestinesco, verdadera ola de literatura obscena que tanto se difunde en España en las primeras décadas del XVI, se mantiene tal característica[39]. No hay necesidad de acudir a motivaciones étnicas en Rojas para explicarse datos de esta naturaleza ni tendría sentido; basta con ver una situación de la época.

Calixto soporta que Sempronio haga mención delante de él de un infamante episodio de su abuela con un simio, que hubo de vengar el cuchillo de su abuelo, y su reacción no tiene nada de honor caballeresco (pág. 30)[40]. Más gravemente aún, Calixto sabe que debe sentirse herido en su honra por la suerte de sus criados, los cuales son hechos ahorcar públicamente por la justicia. Considera que está obligado a vengar su muerte, porque es una afrenta a él y mengua de su casa. Echa en culpa al alcalde, que ha ordenado la ejecución de sus servidores, haberle colocado en tan desairada posición, y le recrimina por su proceder, mas no porque haya olvidado, al actuar de ese modo, la condición de caballero del amo a quien los condenados servían, sino por haber sido ingrato a los favores económicos que debía a su padre. Es por esto, principalmente, por lo que «pensava que pudiera con tu favor matar mil hombres sin temor de castigo, iniquo falsario, perseguidor de verdad, hombre de baxo suelo» (página 24).

Sin embargo, Calixto reacciona muy pronto, dando prueba de lo poco que ha calado en él el sentimiento de las obligaciones que le impone su condición de señor. Y es más, con una mentalidad de época estatal, considera: «¿No ves que

<hr/>

[38] *Tercera Celestina*, ed. cit., pág. 249.
[39] Véase, en la *Comedia Thebayda*, el comportamiento de la esposa de un mercader, de la que se dice que es rica, honesta, hermosa y moza.
[40] Ver O. H. Green, *Lo de tu abuela con el ximio*, en *Hispanic Review*, XXIV, I, 1956.

por executar la justicia no avía de mirar amistad ni deudo ni criança? ¿No miras que la ley tiene de ser ygual a todos?» (página 242). Y cita ejemplos de la tradición clásica, cuya renovada lección —exenta de espíritu señorial— había contribuido en la época del humanismo burgués, esto es, del humanismo de la primera fase, a desarrollar la conciencia de las relaciones públicas o estatales, frente a las privadas o feudales.

También Pleberio y Celestina, cada uno por su parte, muestran reacciones semejantes. Lamentándose aquél de la funesta arbitrariedad del amor, afirma que «iniqua es la ley que a todos ygual no es» (pág. 299). Y Celestina, reprobando la violencia con que la amenazan los criados, les advierte que «justicia ay para todos y a todos es ygual» (pág. 224). Esta nada menos que triple apelación a una justicia legal, monopolizada por el poder público, estatalizada, que para mayor ejemplo vemos que no deja de cumplirse, es totalmente lo contrario de una concepción señorial, concepción ésta que en *La Celestina* queda poco menos que eliminada. Y, en cambio, coetáneamente, no ya en la literatura de ficción, en la cual podían conservarse viejos sentimientos pasados, sin más transcendencia que servir para solaz del lector, sino en la misma vida real, son numerosísimos los ejemplos de que los verdaderos señores de antiguo linaje no renunciaban, considerando tan sólo la del rey como la justicia personal más elevada, a imponer por las armas su justicia privada. Frente al espíritu díscolo o, por lo menos, independiente de los señores, llama la atención su dócil sumisión a la autoridad pública en un joven rico y enamorado como Calixto, respondiendo al sentimiento heredado de los de su casta que debían a la seguridad de la justicia real su elevación en la sociedad.

De interés para acabar de caracterizar el mundo social de *La Celestina* es observar también lo que en ella representa la variedad de tiempos y lugares en que se desarrolla la acción dramática. Aunque esto lo haya conseguido Rojas con recursos literarios magistrales, no hay que ver en ese aspecto solamente un problema de técnica de escritor. Se trata de toda una nueva manera empleada en la captación de la realidad humana, considerando que ésta se da siempre en un *hic et nunc*, y que cuando se quiere reflejar aquélla en una obra literaria es necesario recogerla inserta en esas circunstancias, al modo como un arbusto, para conservarlo vivo, se transplanta con su cepellón. Con esto, es decir, con ese nuevo arte de captar lo real humano, ha dicho María Rosa Lida, se busca presentar al personaje en su intimidad[41]. Ahora bien, la intimidad de la vida personal, que nada tiene que ver, claro es, con la interioridad del alma, constituye típicamente un producto burgués. Estrechamente ligado a ello va el aspecto literario que la obra ofrece y que representa una efectiva novedad. María Rosa Lida ha sostenido que no es *La Celestina* una novela dialogada, sino una obra teatral, que deriva de la tradición de la comedia clásica, de la comedia elegíaca medieval y de la comedia latina humanista. Todo ello puede ser indiscutible y la erudición incomparable de la señora Lida de Malkiel se emplea a fondo para demostrarlo. Tendremos que admitir que *La Celestina* corresponde a la tradición teatral, que toma de ella sus elementos y que el autor quiso hacer sinceramente una comedia o tragicomedia. Pero esto no es obstáculo para que en la obra reconozcamos también que, en manos del autor, la tradición literaria se abrió a aspectos nuevos, los cuales justifican que Menéndez Pelayo la insertara en los orígenes de la novela, y que tantos

---

[41] *Ob. cit.*, págs. 152-153.

otros la calificaran de novela, y más concretamente, de novela en diálogo [42]. Hay en *La Celestina* un arranque novelístico, a lo que se debe el hecho —muy significativo en la Historia literaria y también en la Historia social— de que, en
ciertos aspectos, no ha vuelto a darse nada parecido a lo que
La Celestina ofrece hasta «el surgimiento de las grandes novelas del siglo pasado», como M.ª Rosa Lida reconoce y Lapesa
ha subrayado [43]. Ese aspecto novelístico hay que atribuirlo
a la cultura social de que la obra surge, cuyos supuestos el
autor supo elaborar originalmente en esa nueva forma literaria. Y la novela, tal como en los siglos modernos se nos
da —género que no se encuentra en la *Poética* de Aristóteles
y que nada tiene que ver con las llamadas novelas de la Antigüedad y de la Edad Media—, es una creación de la burguesía, para un público que se ha dejado llevar por formas de
vida íntimas, nacidas de la nueva espiritualidad que con el
desenvolvimiento y auge de aquella clase se difunde.

---

[42] La tesis de Gilman (*The art of «La Celestina»*, Madison, 1956;
cap. VII) es interesante de tener en cuenta sobre este aspecto. L.
B. Simpson ha presentado la obra bajo este título: *The Celestina. A
Novel in Dialogue*, en su trad. inglesa (Univ. of California Press,
Berkeley, Los Ángeles, 1955).

[43] Ver Lapesa, *La originalidad artística de la Celestina*, en *Romance Philology*, XVII, I, 1963, págs. 55 sigs.

III

AFÁN DE LUCRO Y ECONOMÍA DINERARIA. EL MUNDO
CELESTINESCO COMO PRODUCTO DE LA CULTURA
URBANA

Habría, pues, que referir *La Celestina*, según nuestro modo de ver, a la fase de los múltiples desplazamientos de la riqueza que se dan en el siglo XV y que traen consigo la constitución de una nueva clase ociosa de base burguesa, rápidamente ennoblecida y revestida de formas aristocráticas. Esto ocasionó, de un lado, el relajamiento de los hábitos caballerescos, como denuncian las críticas de la clase nobiliaria en muchos escritores, entre otros Diego de Valera o, más tarde, López de Villalobos [1]; de otra parte, la aparición del tipo de

---

[1] Todas las críticas coinciden en destacar la quiebra de la antigua moral nobiliaria por la influencia de un ánimo lucrativo, lo que lleva a buscar el poder para aumentar la ganancia y viceversa. «Entonces, dice Valera, se buscava en el caballero sola virtud, agora es buscada cavallería para no pechar; estonce a fin de honrar esta orden, agora para robar el su nombre; estonce para defender la república, agora para señorearla» —*Espejo de verdadera nobleza*, BAE, CXVI, pág. 107—. Siempre el enriquecimiento ha sido una finalidad del noble, aun en el caso del más puro tipo de guerrero: «Ganançia —dicen *Las Partidas*— es cosa que naturalmente codiçian fazer todos los omes e mucho más los que guerrean» (Partida II, tít. XXVI, proe-

los ricos de nueva promoción, de los «frescos ricos», acerca
de los cuales habla, llamándolos así, la traducción al romance
del *Speculum vitae humanae* de Sánchez de Arévalo[2]. Fenómeno este último que en el desarrollo económico del siglo
tuvo considerable amplitud y pudo contemplarse como base
de las transformaciones sociales acontecidas en la época, sobre las cuales influyó decisivamente.

Tales trastornos van ligados, efectivamente, a las condiciones económicas del siglo xv, que presenta en Castilla una
fase dinámica y de crecimiento, especialmente en la esfera
del comercio marítimo, mucho antes de que pudieran influir
los metales americanos. Hay que reconocer que, en la interna
estructura de las ciudades castellanas, no tuvo un relieve comparable al que alcanzara en las ciudades flamencas, italianas
o hanseáticas, «el tipo del ciudadano patricio, enriquecido con
el ejercicio de actividades industriales o mercantiles», según
ha sostenido Carande[3]. Pero lo cierto es que, aunque económicamente no se llegara al predominio de la alta burguesía,

_____

mío). Pero, más tarde, se trata de otra cosa. En la baja Edad Media,
el afán de enriquecimiento se desordena y desmesura, en forma de
avaricia, que por esa razón es señalada por los moralistas como el
principal pecado, mientras que en la época anterior se hablaba, en cambio, en tal sentido, de la soberbia (Huizinga, *ob. cit.*, I, pág. 41). Un
interesante testimonio de ello se encuentra en *Los problemas* de Villalobos (BAE, XXXVI, págs. 414 sigs.): «la necesidad presente de la
innumerable suma de dinero» es la causa del mal; antes, siendo buen
caballero, se era rico; ahora, para ser rico, se abandonan las virtudes
del caballero.

2 He aquí cómo interpreta Sánchez de Arévalo un pasaje de Aristóteles: «las riquezas modernas y nuevamente ganadas no bastan a
causar nobleza, cuya cosa assigna bien el philosopho en la rethorica.
Ca dize que el que es rico moderno es poco instruido en ganar riquezas y por esso el philosopho a los tales enriquezidos modernamente y en breve tiempo llamalos locos venturosos». Son los llama-
dos, por tan recientes, «frescos ricos», en la traducción castellana
de su *Espejo de la vida humana*, Zaragoza, 1491, sin numerar (folio 15).
3 *Carlos V y sus banqueros*, Madrid, 1943, pág. 99.

ni menos políticamente, sin embargo, hay que contar con
la existencia de un no desdeñable número de fortunas de
condición burguesa, de manera que el volumen medio de
burgueses ricos fue creciendo en el xv y estuvo a punto de
alcanzar la fuerza social que consiguió en otras partes. «Existe, pues, una burguesía mercantil castellana, principalmente
en Burgos, Sevilla y Medina del Campo... Es necesario re-
bajar mucho la opinión tradicional que insiste sobre la poca
aptitud de los españoles para el comercio. Los hechos prueban lo contrario. Si hubo carencia de algo, lo fue más bien
de la industria que del comercio»: tal es la tesis de H. Lapeyre, uno de los investigadores que más saben de Historia económica de nuestro siglo xvi [4].

En el auge económico del siglo xv tuvo un papel fundamental el comercio marítimo externo [5]. La colonia castellana
es la primera en Brujas, por delante de la hanseática, y obtiene importantes privilegios en Amberes y otras plazas flamencas. En Francia, de la que Castilla era tradicionalmente
aliada, los mercaderes de nación hispana están instalados en
el oeste y norte y su importancia en Normandía ha probado
Mollat que era considerable. En Italia, la relación de Sevilla
y Génova es intensa, y, desde mediados del xv, con motivo
de la hostilidad entre Barcelona y Génova, los barcos castellanos tienen una gran actividad que se extiende también a
Marsella [6]. Todas estas referencias ambientan la alusión a

---

[4] *Ob cit.*, pág. 120.

[5] Enrique de Villena define al mercader, por antonomasia, como
aquel que se dedica al comercio marítimo: «Por estado de mercader
entiendo los conprantes e vendientes siquiera mareantes que por
ganançias de fletes e pasadas por las mares fazen preçios e abenen-
cias en guisa de mercadoría sacando dende sabido provecho». *Los
doce trabajos de Hércules*, ed. de M. Morreale, Madrid, pág. 12.

[6] Vicéns Vives, *Historia económica de España*, Barcelona, 1959,
página 247.

los navíos de Pleberio y a los que Melibea contempla desde
lo alto de su casa.

Un nuevo sentimiento de la riqueza que ha sido estudiado
por Fanfani, principalmente sobre fuentes italianas, pero que
se extiende a toda la Europa occidental[7], mueve, y aun con-
mueve, el mundo social de *La Celestina*. Muy atinadamente,
Sánchez Albornoz ha observado que ya el *Libro de Buen
Amor* está condicionado por el espíritu social burgués. Y lo
que en la obra del Arcipreste de Hita se muestra en grado
incipiente, se ofrece a su vez mucho más evolucionado y mejor articulado con todo un complejo de nuevas formas de
vida en *La Celestina*. Una apetencia de la riqueza, por sí misma, bulle en el ánimo de sus personajes, convencidos de que
su posesión enaltece y honra a la persona, la ennoblece[8]. Lo
reconocía también, por su parte, el poeta Ausias March:

> L'ome pel mon no muta'n valer
> sens haver béns, bondat, linatge gran[9].

Y acaso, para el mismo Calixto, entre los valores que irra-
dian de la persona de Melibea y que hacen irresistible su
atracción, junto a la gracia y el ingenio, la virtud, la hermo-

---

[7] Ver Fanfani, *Le origini dello spirito capitalistico in Italia*, Milán,
1933; y del mismo autor, *Correnti di pensiero e ideali economici in
Europa all'inizio dell'Età moderna*, en *Giornale degli Economisti*, ene-
ro-febrero, 1941. Para España, el antiguo libro de Corominas, *El sentimiento de la riqueza en Castilla*, Madrid, 1947, requiere ser rehecho,
aunque tiene puntos de vista interesantes. Un capítulo de mi obra
en preparación, *La formación del Estado moderno*, irá dedicado a los
orígenes del espíritu burgués entre nosotros.

[8] Los datos que, correspondientes a fines del xv y primeras décadas del xvi, recogió Sempere (*Historia del lujo*, Madrid, 1788), son
bien elocuentes.

[9] *Poesies*, ed. de Pere Bohigas, Els nostres classics, Barcelona, 1952,
vol. II, pág. 110.

sura y el linaje, ¿no se incluye también su «grandísimo patrimonio?» (pág. 33) [10].

Se confiesa francamente que sin los bienes de fuera, «a ninguno acaesce en esta vida ser bienaventuardo» (pág. 32). Un afán de riqueza atraviesa el cuerpo social y descoyunta sus ancestrales relaciones en todos sus planos. Es curioso el diálogo entre el Pármeno de los primeros momentos, que conserva todavía los escrúpulos de una moral tradicional, y Celestina:

> «PÁRMENO. — Riqueza deseo; pero quien torpemente sube a lo alto, mas ayna cae que subió. No querría bienes mal ganados.

> «CELESTINA. — Yo sí. A tuerto o a derecho, nuestra casa hasta el techo» (pág. 54).

Constituyen estas últimas palabras una rotunda negativa al principio que rige toda actividad mercantil en la Edad Media, esto es, al principio de «l'économie bonne et loyale», como se lo llamará en textos flamencos que Espinas ha citado [11]. A ese principio se atenía en sus consejos un noble de mentalidad tradicional, en este orden de cosas, como era Pérez de Guzmán, señor de Batres. También él quiere, claro está, como todo humano, aumentar su patrimonio; pero reconoce que hay que moverse para ello dentro de un orden moral objetivo: sólo es justo

> la fazienda sin error
> multiplicar y avançar [12].

---

[10] También la amada, en la *Comedia Selvagia*, posee muy gran patrimonio, condición que integra su personalidad —ed. de Madrid, Col. Libros españoles raros o curiosos, 1894, pág. 25—. Igualmente, la amada en la *Comedia Eufrosina* viene de padre de gran linaje y hacienda.

[11] G. Espinas, *La vie urbaine de Douai*, Paris, 1913, II, pág. 225 siguientes.

[12] *Cancionero castellano del siglo XV*, NBAE, t. I, pág. 586.

Y por esos mismos años, próximos a *La Celestina*, Gómez
Manrique insistía en que «procurar deven los nobles e virtuosos onores, riquezas e temporales estados», porque la nobleza y virtud no están condenadas a pobreza —como reconoce Séneca—, pero siempre y cuando ello sea «sin manze-
llar la fama e menos la conçiencia» [13].

La inversión de los términos, en el plano del espíritu burgués precapitalista, es clara. Ehrenberg, al afirmar que «la
lenta transformación de la economía natural de la alta Edad
Media en economía capitalista se precipita en la época del
Renacimiento» hizo observar que «el primer síntoma de ello
fue el ardor con que entonces cada uno buscó enriquecerse» [14]. Y si en estas palabras del que fue uno de los primeros y más ilustres historiadores economistas, la referencia al régimen de economía natural de la Edad Media es hoy
discutible, los otros puntos de su tesis que acabamos de exponer han sido apoyados y fortalecidos por la investigación
posterior. Desde que, en el declinar del Medievo, una nueva
mentalidad se anuncia, el fin de enriquecimiento es la ley
y toda consideración moral, si no se pierde —en ninguna ocasión, desde luego—, pasa a segundo plano. Al denunciar en
su tiempo ese inmoderado movimiento hacia la riqueza, Pérez de Guzmán, con mentalidad tradicional, lo denostaba
en esta forma: «a Castilla posee oy e la enseñorea el interese
lançando della la virtud e humanidat» [15]. Vives formulaba así
tal estado de espíritu: en cualquier caso adquirir, poseer más
bienes —«rem, quocumque modo, rem» [16]. Y un siglo después
—ese siglo de la plena economía renacentista—, Suárez de

---

[13] *Cancionero... siglo XV*, II, pág. 65.
[14] *Le siècle de Fugger*, trad. francesa, Paris, 1955; pág. 3.
[15] *Generaciones y semblanzas*, ed. cit., pág. 107.
[16] *De Subvencione pauperum*, en la ed. de *Opera omnia* de Mayáns,
t. IV, pág. 447.

Figueroa empleaba sobre el tema muy semejantes palabras: «sea lo que fuere, tener, a toda ley» [17]. Es, insistamos, el mismo fenómeno que sobre fuentes literarias, de filósofos y moralistas, ha estudiado Fanfani [18].

Es más, la virtud aparece condicionada por las riquezas. Éstas pueden engendrar ciertos vicios —prodigalidad o avaricia—, pero también «son instrumento de muchas virtudes morales», las cuales sin aquéllas no podrían ejercitarse. La virtud no es una mera disposición de ánimo, sino un hábito de bien obrar, hábito que no se puede alcanzar sin riquezas que lo permitan. Tal era la tesis de León Hebreo, en sus *Diálogos de amor*, difundidos en la traducción del Inca Garcilaso [19].

Según esto, la dirección del camino se invierte: en lugar de ir por el honor a la riqueza, enriquecerse y comprar luego el honor. Pleberio no dice que con honra se hizo rico, sino que, con sus holgados medios, adquirió honras. (Ello trae la consecuencia, digámoslo incidentalmente, de que el burgués rico, que sigue siendo sinceramente creyente, para saldar su deuda con el más allá, desarrolle un ánimo limosnero, como reconocía Eximenis, en su defensa del mercader: «solament mercaders son grans almoiners» [20]. Y recordemos que Melibea, muerto Calixto, exaltaba en él sus prácticas limosneras.)

---

[17] *El Pasagero*, ed. de Madrid, 1913, pág. 71.

[18] Ver obras citadas en nota 64.

[19] Ed. de M. Pelayo, *Orígenes de la novela*, t. IV, pág. 289.

[20] La limosna, como manifestación de una sensibilidad personal, no tiene nada que ver con las dádivas y fundaciones señoriales. Por eso Eximenis podía escribir: «car cavallers ne ciutatans que viuen de rendes no curen de grans almoines» —*Regiment de la cosa publica*, ed. del P. Molins de Rei, Barcelona, 1927, pág. 168—. Recordemos el caso del mercader italiano que en sus libros de contabilidad anotaba las limosnas bajo el rótulo «cuenta de Dios» (Fanfani, *Le origini*, páginas 93 sigs.).

Sempronio sabe que la ambición de Celestina en sus negocios no es otra que la de «ser rica» y se da cuenta de que
tendrá que contender con ella, impulsado de una ambición
igual (págs. 106-107) [21]. Sempronio, con cínico despego, declara que no le mueve ni le importa nada el remedio de su amo,
sino salir él de pobreza. Tal es su afán: «deseo provecho,
querría que este negocio oviesse buen fin» (pág. 76), y con
franca oposición a los intereses de su amo, confiesa: «pro-
curemos provecho mientras pendiere su contienda» (pág. 71).
el cuidado de la hacienda, la atención al provecho, es el principio que Celestina recomienda a Areúsa para gobernarse;
de lo contrario, «nunca tú harás casa con sobrado» (pág. 144).
La buena y holgada casa en que se alberga la vida personal,
íntima, es el símbolo del bienestar económico —luego volve-
remos a encontrarnos con otra declaración semejante. El
cuidado que desde Celestina a Pleberio ponen, no sólo en
adquirir, sino en bien administrar su dinero, es sintomático,
y responde al criterio burgués que la *Tercera Celestina* enun-
ciará: «tanto merece el que las riquezas conserva como el
que las adquiere» [22].

Para interpretar correctamente estos textos que acabamos
de ver, recordemos que la antigua voz del romance castellano «provecho», usada tal vez como ninguna otra en *La
Celestina* y común en el siglo XV, se emplea para traducir en
la época el término latino «lucrum», en cuanto designa la
ganancia material de una actividad orientada a la misma. La
palabra «lucro» y sus derivados no se castellanizan, al parecer, hasta el siglo XVII.

---

[21] La única referencia, contradictoria de tantísimas otras, a la
doctrina estoica de las ventajas de un estado modesto se encuentra
en el pasaje en que Celestina despliega su hipocresía para confundir
a Melibea, pág. 87.
[22] Ed. cit., pág. 57.

Ahora tenemos que observar que ese lucro o provecho, generalmente, en el complejo de relaciones sociales de *La Celestina*, se contabiliza en dinero. «Por dinero se muda el mundo e su manera», declaraba el Arcipreste de Hita (v. 511 a). Y en el *Rimado de Palacio*, el canciller López de Ayala tiene frases semejantes. Hay incluso testimonios que pueden tenerse por anteriores [23]. Pero una cosa es la mera expresión literaria sobre este tópico acerca del poder de la riqueza y otra muy distinta comprobar en qué manera y con qué amplitud los medios de pago de tipo dinerario se han introducido en la vida social. Es de interés tomar en consideración el alto grado de desarrollo de la economía dineraria que se puede apreciar y aun medir en *La Celestina* —se nota también en esto, claramente, una diferencia de fase, respecto al *Libro de Buen Amor*. El dinero es lo que se busca, es lo que se emplea en las relaciones de dar y tomar, es lo que funciona como medida para valorar bienes. El dinero es tan familiar que sus propiedades sirven, metafóricamente, de término de comparación. La vieja alcahueta dice ponderativamente que el amor carnal «es tan comunicable como dinero» (pág. 141), señalando con ello muy atinadamente la principal condición de la moneda como medio de relación económica, que, al ser mensurable, divisible, calculable, todo ello le permite una velocidad de circulación extraordinaria, factor del dinamismo propio de la economía capitalista.

Celestina recuerda el dinero que en otro tiempo ganaba con su negocio (pág. 176). Su arte, según Sempronio, «es fingir mentiras, ordenar cautelas, para aver dinero» (página 164). Lo que Calixto le da, las mercedes que le concede o promete, Celestina las reduce a dinero: «mal conoces a quien

---

[23] Ver el texto latino recogido por Bonilla y citado por Cejador en la pág. 182, t. I, de su ed. del Arcipreste, en Clásicos Castellanos.

das tu dinero» (pág. 200). Pero también, cuando Calixto le entrega la funesta cadena de oro, Pármeno, que está presente, en seguida la tasa en dinero: valdrá varios marcos de oro (página, 198). Y el mismo personaje, preludiando el final desastroso a que la despiadada lucha de intereses les va a arrastrar, reconoce que «sobre dinero no hay amistad» (pág. 218).

El dinero es el medio corriente de cálculo y de pago, en el mundo social de *La Celestina*. Dice la alcahueta a Sempronio, ponderando sus necesidades y quebraderos de cabeza: «todo me cuesta dinero» (pág. 222). Al presentarse en casa de los padres de Melibea, disimula los motivos de su presencia diciendo que va a vender un poco de hilado, porque «me sobrevino mengua de dinero» (pág. 86), y Melibea, efectivamente, le paga en dinero la mercancía. En el mundo de *La Celestina* todos dan en principio por descontado que «todo lo puede el dinero: las peñas quebranta, los ríos passa en seco» (pág. 74). Y este carácter se conservó en toda la literatura celestinesca. «Ganar dinero» es el objetivo que mueve a las gentes en la *Segunda Celestina*, donde el rufián declara que lo que busca es «meter el provecho en mi bolsa»[24]. Y como expresión de un principio que en los siglos de desarrollo del espíritu burgués, desde el XIV al XVII, se repetirá mucho, más o menos explícitamente, en la *Tercera Celestina* se nos dirá que «todas cosas obedecen a la pecunia»[25].

Del desarrollo del dinero como medio de cálculo económico y medio de pago y atesoramiento, venían causándose, en gran parte, las transformaciones sociales de la época. La economía monetaria trajo como consecuencia la conmutación de los tributos en especie y de los servicios personales

---

[24] Feliciano de Silva, *Segunda Celestina*, ed. de la Col. de Libros raros o curiosos, Madrid, 1874.
[25] Ed. cit., pág. 67.

por pagos en dinero[26]. Y esto ocasionó una mecanización de las relaciones y, en consecuencia, un distanciamiento recíproco de los individuos —lo cual, en definitiva, engendraba libertad—. ¿En qué sentido entender esto? Luego lo veremos más detenidamente. Ahora reduzcámonos a observar que con el empleo del dinero, la contrapartida del servicio personal, que cada vez más se convierte en relación de puro contenido económico, se calcula y se agota en el pago de una cantidad determinada. A esto Celestina, en su negocio con Calixto, lo llama «ganar el sueldo» (pág. 153). Reconoce, por eso, estar obligada a ocuparse del asunto de Calixto, que le ha entregado cien monedas, «no digan que se gana holgando el salario» (pág. 72). La palabra «salario» apareció en el vulgar castellano en ese siglo xv; se encuentra en el *Vocabulario* de Alonso de Palencia, y lo interesante es que en *La Celestina* se revela ya como habitual en el lenguaje hablado, en correspondencia con la rápida transformación de las relaciones entre amos y criados que se opera en la época, a causa de las nuevas formas económicas que esas relaciones asumen.

«En la economía natural, ha observado von Martin, el individuo está directamente ligado al grupo a que pertenece y, por la reciprocidad de servicios, estrechamente unido a la colectividad; pero el dinero emancipó al individuo, pues, al contrario que el suelo, su acción le moviliza... El trabajo toma la forma de un contrato libre, dentro del cual los contratantes buscan cada uno su máxima ventaja. Y si en el estadio de la economía natural predominan las relaciones personales y humanas, en la economía monetaria todas las relaciones se objetivan»[27]. Sin duda, en el desarrollo ul-

---

[26] De esto, en relación al pago de peajes y montazgos, ha dado algunos datos interesantes emplazados en el último cuarto del XV, J. Klein, *La Mesta* (trad. esp.), Madrid, 1936.

[27] *Sociología del Renacimiento*, trad. española de M. Pedroso, México, 1946, pág. 21.

terior del capitalismo se señalarán, más tarde, muy fundadamente, consecuencias de muy opuesto carácter a lo que acabamos de decir; pero, en comparación con el régimen de la economía basada, sobre todo, en intercambio de servicios, el dinero trajo consigo un grado mucho mayor de autonomía, de libertad de movimientos en el individuo. Tener en cuenta esta circunstancia es decisivo para comprender el complejo de relaciones sociales en el mundo de *La Celestina*.

Pasemos ahora a contemplar un nuevo aspecto del mismo, en estrecha conexión con los anteriores. El mundo social celestinesco es un producto de la civilización urbana, en correspondencia con el auge que ésta toma en el Renacimiento, sobre la base del desarrollo demográfico, económico y cultural que adquieren las ciudades. Sin comprender esto, los demás aspectos hasta aquí considerados, y los que a continuación nos han de ocupar, no pueden hacérsenos transparentes.

El medio característico de la burguesía, en el que la economía dineraria se desarrolla, era la ciudad, como es bien sabido. En plena conformidad con lo que en ella venimos encontrando, *La Celestina* es un típico, inconfundible producto de la cultura ciudadana. Lo es la *Tragicomedia* de Rojas, en cuanto obra literaria, y lo son los personajes que en ella pululan.

A fines del xv y comienzos del xvi, los historiadores señalan un desarrollo demográfico en Castilla y en toda España que correspondió, casi enteramente, al crecimiento de las ciudades. Claro que el porcentaje de población campesina siguió siendo mucho mayor, aunque se iniciaron señales de despoblación en algunas partes. Lo interesante es que las ciudades son las que aumentan. Algunas, como Valencia y Sevilla, se hacen populosas, otras muchas llegan a cifras importantes en relación a los niveles de que se partía. De Toledo dirá por entonces el viajero alemán Jerónimo Münzer que «es mayor, y más populosa que Nüremberg» [28]. Una contemporánea imagen de Burgos, entre tantas otras, es muy interesante para nosotros: «Burgos estaba así tan rica y de tantos mercaderes poblada, que a Venecia y a todas las cibdades del mundo superaba en el trato así por flotas por la mar como por grandes negocios de mercadería por tierra en estos reynos de Castilla e en muchas partes del mundo» [29]. Así, por lo menos, eran vistas muchas de nuestras ciudades —y esto es lo que para nosotros cuenta ahora.

De ninguna de ellas, ciertamente, cabe buscar la imagen concreta en *La Celestina*. Todos los intentos de localización de su acción dramática en Salamanca, Toledo, Sevilla o ultimamente Talavera [30] (92) fallan por algún lado. Con mucha agudeza creemos que ha dejado resuelta la dificultad María Rosa Lida: no se trata de ninguna ciudad en concreto, sino de una ciudad inventada, recompuesta imaginativamente por el autor, siguiendo probablemente el modelo de esas ciudades de ficción que eran frecuentes en la pintura flamenco-castellana de la época, estampas de ciudades en las que se contemplan todos los elementos de paisaje urbano que en *La Celestina* se combinan: puertos, embarcaciones, ríos, árboles, ricas casas, desde cuyas altas torres, levantadas más para placer que para defensa, otras jóvenes como Melibea podrían gozar de «la deleitosa vista de los navíos» (pág. 287). Pero tengamos en cuenta que por sus mismos supuestos socioló-

---

[28] *Viaje por España y Portugal, 1494-1495* (trad. de López de Toro), Madrid, s. f., pág. 101.

[29] *Crónica incompleta de los Reyes Católicos, 1469-1476*, ed. de J. Puyol, Madrid, 1934, pág. 51.

[30] H. Ruiz y C. Bravo-Villasante, en *Anuario de Estudios Medievales*, n.º 3, Barcelona, 1966.

gicos, la pintura flamenca es manifestación muy representativa de una cultura urbana y burguesa y su difusión en España arguye un cierto parentesco socio-cultural con sus orígenes. Al inventar una ciudad, como Rojas lo hace, tipifica fielmente el medio ambiente en que el mundo de sus personajes vive y redondea la significación histórico-social de su obra.

Hemos visto el papel que las riquezas y el lujo tienen en la crisis social del xv y en la formación de la clase ociosa, a cuyo tipo responden los personajes de La Celestina. Tengamos en cuenta que «para el desenvolvimiento del lujo es importante la ciudad, sobre todo porque crea nuevas posibilidades de vida alegre y exuberante», según una conexión real que se ha dado en la Historia Moderna de Europa y que Sombart ha estudiado[31]. En las formas de ecología social, la ciudad es el medio del deleite, del gasto superfluo, de la comunicación, de la ostentación. «En relación con la población rural, ha observado Veblen, la urbana emplea una parte relativamente mayor de sus ingresos en el consumo ostensible y la necesidad de hacerlo así es más imperativa». Los que viven en la ciudad han de moverse en un ambiente más amplio y numeroso —cada vez más numeroso, en esas ciudades de fines del xv, donde, si no se destaca, no se es conocido personalmente. Por eso, para sus habitantes, «el consumo es un elemento más importante en el patrón de vida de la ciudad que en el del campo»[32].

Aunque el tema no ha sido estudiado en su aspecto sociológico y positivo, en la misma vieja Historia de la Arquitectura civil española de Lampérez se encuentran datos suficientes para advertir el bullicioso crecimiento arquitectónico de

[31] Lujo y capitalismo, trad. española, Madrid, 1928, pág. 169.
[32] Veblen, ob. cit., pág. 73.

las ciudades, en el siglo xv y comienzos del xvi. El hecho está, con plena conciencia de la pujante vitalidad social que refleja, señalado en la literatura del tiempo. Bástenos recordar que ya en los comienzos de esa época, Sem Tob se asombraba de la pretensión de los ricos: «Un año casa nueva» [33]. Alfonso de la Torre señala el ansia constructora, y Rojas mismo, al introducirnos en la sociedad de *La Celestina*, crítica y admira «aquel mudar de trajes, aquel derribar y renovar edificios» (pág. 15), que sin duda él contemplaba en las ciudades que había visitado, donde otros muchos ricos, como su personaje Pleberio, se envanecían de las torres o mansiones que habían hecho edificar [34].

Esa actitud de ostentación en la casa responde a los caracteres de la cultura urbana y al puesto que la mujer asume en la misma. El papel que el lujo de la mujer tuvo, durante los primeros siglos modernos, en el desarrollo del capitalismo, fue señalado por Sombart [35]. Ello pone de relieve un factor que es interesante tener en cuenta: la acción de iniciativa que a la mujer se le reconoce en esta época de que hablamos. Buen ejemplo de ello es la sugestiva y vibrante figura de Melibea, la «voluntariosa» Melibea, como alguna vez ha sido llamada con mucha razón.

Iniciativa y lujo de la mujer que traen ese nuevo gusto de la época por la mansión ciudadana. Ya avanzado este proceso, Liñán observaba que si antes las casas se edificaban según el valor de los hombres que en ellas habitaban, en cambio ahora «se labran al gusto y sabor de las mujeres que

---

[33] *Proverbios morales*, ed. de González Llubera, Cambridge, 1947, página 123.

[34] Ese incremento de la edificación, en conexión con el desarrollo urbano, respecto a la época que estudiamos, lo señala Bennassar, *Valladolid au Siècle d'Or*, Paris, 1967.

[35] *Ob. cit.*, pág. 149.

las han de ventanear, afeitadas como ellas, hechas todas jardines» [36]. La casa aristocrática de que goza Melibea tiene ya estos caracteres.

Los grandes ricos de la nobleza antigua viven en el campo, en ambientes rurales; los ricos de reciente ennoblecimiento viven en la ciudad. En *La Celestina*, todos los personajes que intervienen en la acción son tipos urbanos. Sus costumbres, sus relaciones, sus conversaciones, su callejeo, son propios de la vida de ciudad. Todos los oficios de la gente que en la obra aparecen son oficios ciudadanos. Pármeno hace incidentalmente una enumeración de oficios: herreros, carpinteros, armeros, herradores, caldereros, arcadores, etc. (página 40); no hay alusión a ningún oficio campesino, ni siquiera al tan universal de labrador.

Y, de acuerdo con esta caracterización urbana del mundo de *La Celestina*, observemos que sus personajes viven su tiempo, medido y regulado por el reloj. Quiero decir que el reloj es el instrumento de que se sirven para medir y ordenar su tiempo. Son numerosas las referencias al reloj que se encuentran en el texto de la *Tragicomedia*: para comer, para estar en la cama, para acudir a una cita amorosa, para medir una espera, el reloj aparece una y otra vez con su movimiento mecánico, uniforme, calculado (págs. 199, 205, 243, 259, etc.). Pues bien, dotado de estas últimas características, el reloj es típicamente un instrumento de la vida burguesa. En los siglos XIV y XV, se instalan relojes comunales en las ciudades de los que algunos todavía subsisten, y en 1510 aparece el reloj de bolsillo. «La invención del reloj juega un papel importante en la historia intelectual del hombre económico moderno», ha dicho Sombart [37]. Responde a la concepción me-

---

[36] *Guía y avisos de viajeros que vienen a la Corte*, en *Costumbristas españoles*, ed. Correa Calderón, Aguilar, Madrid, vol. I, pág. 113.
[37] *Le Bourgeois* (trad. francesa), Paris, 1926; pág. 395.

cánica, calculable, mensurable, del tiempo y, en general, del mundo, propia de los burgueses que habitan la gran ciudad. De aquí que, en éstas, se convierta en un elemento común de la arquitectura pública, de la misma manera que se generaliza en la vida privada de sus moradores [38]. De esta última forma, lo descubrimos rigiendo cronológicamente la existencia de nuestros personajes [39].

Pero fijémonos en el tipo principal. Celestina se presenta a sí misma: «En esta ciudad nascida, en ella criada, manteniendo honra como todo el mundo sabe, ¿conoscida, pues, no soy? Quien no supiere mi nombre y mi casa, tenlo por extrangero» (pág. 72). Casa, nombre personal, decoro social, intercomunicación de los vecinos, ciudad: todos esos caracteres se dan en la vieja tercera. Es, con ello, exactamente, el tipo de hechicera del Renacimiento frente a la bruja de otras épocas.

«La bruja típica, sostiene Caro Baroja, es un personaje que se da sobre todo en medios rurales, la hechicera de corte clásico se da mejor en medios urbanos o en tierras en las que la cultura urbana tiene gran fuerza». Según ello, «Celestina es una hija plebeya de la urbe, de la ciudad: una hija inteligente y malvada». «El tipo de Celestina, las mujeres que viven bajo su control, los hombres que recurren a ella, las

---

[38] Ver Le Goff, *Temps de l'Église et temps des marchands*, en Annales. Economies, Sociétés, Civilisations, XV-3, mayo-junio, 1960, páginas, 417 sigs. Jean de Garlande propondrá esta pseudo-etimología al gusto de la época: «Campane dicuntur a rusticis qui habitant in campo, qui nesciant judicare horas nisi per campanas». Las campanas son el instrumento de los hombres que habitan en el campo para conocer ciertos momentos de su tiempo. Los burgueses, en la ciudad, son las gentes que se sirven del reloj.

[39] También en la *Tercera Celestina* se da la misma situación: el reloj cuenta en todo y es nombrado a cada paso —«el relox nos llama», pág. 225.

muchachas que se dice caen seducidas por sus maleficios, son todos tipos ciudadanos que se mueven en aquel mundo de placer que Burkhardt daba como predominante en la Italia renacentista» [40]. He aquí cómo, desde un ángulo visual distinto, Caro Baroja ha llegado a conclusiones con las que coinciden plenamente las nuestras.

El carácter urbano de la hechicera celestinesca [41] se debe a que, con el grado de secularización y mundanización que la cultura ciudadana alcanza, se desarrolla muy pronto una primera fase de pensamiento naturalista —al que va ligado el nuevo modo de practicar la magia, como luego veremos— y un insaciable afán de placeres, sobre todo de placeres amorosos, a lo que se debe que en su mayor parte se trate de hechicería erótica.

Sombart ha demostrado cómo, siendo la ciudad el lugar ideal para la circulación del dinero, lo es también para el desarrollo de los placeres. Placer y dinero van juntos, son los términos de comparación con los que se relaciona el anhelo de felicidad que la clase ociosa en los medios ciudadanos persigue. El proceso de mundanización en el Renacimiento va ligado a ello. Placer sensual y gusto por la vida dependen de ese proceso que tan agudamente se da en el ambiente innovador de los ciudadanos. La vida de ciudad condiciona y transforma las ideas, las aspiraciones, los sentimientos mismos, de quienes en ella participan; configura sus relaciones sociales y da lugar a modos de comportamiento que dan a la sociedad entera un cariz peculiar; coloca, finalmente, a sus individuos en una posición recíproca que, si trae consigo formas de dependencia ajenas en gran parte a una concepción

---

[40] *Las Brujas y su mundo*, Madrid, 1961, págs. 151, y 153.
[41] Hechicera y alcahueta van juntas en la formación del tipo: «el arte de hechicería que ayuda mucho según dicen para ser afamada alcahueta», *Tercera Celestina*, pág. 33.

tradicional de la virtud, en cambio, al reducir en su extensión y al relativizar los nexos de subordinación de hombre a hombre, dejan libres energías individuales de cuya acción deriva el desarrollo de la cultura moderna.

IV

LA CLASE OCIOSA SUBALTERNA. LA DESVINCULACIÓN DE LAS RELACIONES SOCIALES. EL PRINCIPIO DE EGOÍSMO

Dijimos que la reputación del miembro de toda clase ociosa está en la prueba de su capacidad de dominio sobre cosas y personas y esa capacidad se demuestra absteniéndose de todo trabajo productivo y practicando, sin embargo, un gasto elevado. Ya sabemos que por razón de su riqueza el señor ha de quedar exento de ocupación económica. Y hemos visto cómo esa situación social condiciona su comportamiento en relación con los demás, su modo de insertarse en la sociedad y hasta su entera figura moral. No digamos que ésta viene determinada fijamente por tal situación, pero sí influida, condicionada, de manera que de ella dependen los cambios en sus criterios morales y los trastornos en la sociedad de la que forma parte, cambios y trastornos que la opinión tradicional considera como grave desorden.

Hemos visto también, en páginas precedentes, cómo esa posición del señor repercutía sobre la de sus servidores y causaba en éstos alteraciones semejantes a las que en aquél se manifestaban. Hay comportamientos en los criados de *La*

Celestina que derivan de la manera de conducirse los señores y que se explican, en uno y otro caso, por razones análogas, dependientes de actitudes ante la sociedad, ante la moral, etcétera, comunes o estrechamente emparentadas en unos y otros. Es un fenómeno de contagio que se produce en todo grupo social. Los sociólogos han tendido a interpretarlo como causado por una relación de imitación, de mimetismo. En cualquier caso se presenta como un hecho positivo en toda sociedad humana, hecho con el cual hay que contar.

Vamos a intentar ahora contemplar de más cerca la posición social de los criados. Con Simmel dijimos también al empezar que, en todo nexo de mando y obediencia, en general, y, por consiguiente, en toda relación de amo-criado, se dan dos partes, las cuales son siempre activas, aunque lo sean desigualmente. En consecuencia, si hay una corriente de influencias que va del que manda al que obedece y da lugar a que aquél determine vigorosamente la figura del subordinado, hay también una corriente que del que obedece actúa sobre el que manda y produce sobre éste efectos que dependen del modo de comportarse de sus servidores.

Hemos de partir del fenómeno, estudiado también por Veblen, de la constitución de una clase ociosa que llamaremos derivada o de segundo grado, integrada por los servidores de los individuos de la clase ociosa principial. El fenómeno, en España, tomó un desarrollo monstruoso, debido a los caracteres señoriales que conservó y aún vio crecer en su seno la sociedad castellana y, más radical y decisivamente aún, a razones económicas que no vienen ahora al caso. Lo cierto es que, ante el disparatado crecimiento de la masa de individuos de la clase subalterna ociosa, desde mediados del siglo XVI se levantarían fuertes clamores. Economistas como el contador Luis Ortiz y, más tarde Pedro de Valencia, Martín de Cellorigo, Lope de Deza y muchos más, aconsejan drásticas medidas para cortar el abuso. Tuvo éste repercusiones económicas, y también consecuencias sociales que acentuaron las características del régimen de «servicios» de la nueva clase ociosa. Bajo tal régimen, la reputación del señor, en cuanto que ha de apoyarse en dominio sobre cosas, pero también sobre personas, exige, como demostración de una elevada capacidad pecuniaria, que no sólo quede él exento de trabajo productivo, sino al mismo tiempo que él, un número mayor o menor de personas, cuyos servicios consume, sin ninguna aplicación económica. «Surge una clase de criados, cuanto más numerosa mejor, cuya única ocupación es servir sin objeto especial a la persona de su amo y poner así de manifiesto la capacidad de éste de consumir improductivamente una gran cantidad de servicios». Estos servidores, más que por sus servicios efectivos, cuentan por la exhibición de poder económico y social que por parte del amo representan, de cuyo honor y dignidad son públicamente prueba. Por eso, su servicio tiende a ser meramente nominal, cada vez más desprovisto de una ocupación definida, como no sea la de acompañar al señor. «Ello es cierto, en especial, de aquellos servidores que están dedicados de modo más inmediato y ostensible al cuidado del amo. Su utilidad viene así a consistir en gran parte en su exención notoria del trabajo productivo y en la demostración de la riqueza y el poder del señor que tal exención les proporciona» [1]. Si estos servidores son buenos, de excelente calidad, bien instruidos, en la medida en que conseguir tenerlos al servicio propio supone un esfuerzo y un gasto mayor, cumplen mejor el fin de ostentación que con ellos se busca. Si son, además, numerosos, mayor es aún la reputación que proporcionan. En tal sentido, es manifiesto en *La Celestina*, aunque no se haya caído en la cuenta de

---

[1] Veblen, *ob. cit.*, págs. 50 a 55.

ello, que la posición de Pleberio, contra lo que muchos han entendido, es mucho más alta que la de Calixto: los criados de aquél son muchos más y mucho mejores que los de Calixto, según se nos hace saber en el texto y se repite varias veces. Con ello coincide el mayor respeto con que todos hablan de la persona de Pleberio y de su casa[2]. (Ello —dicho de paso— nos induce a pensar que, de haber dificultades de carácter social para el matrimonio entre los amantes, estarían más bien en la superioridad sobre Calixto, tanto económica como socialmente, de parte de Melibea, cuyos padres dan por descontado que pueden casarla con los más altos jóvenes de la ciudad.)

Originariamente, el criado no era un servidor contratado, sino un miembro de la casa, ligado personalmente a ella, con lazo de deberes morales entre él y el amo, lazo que unía también entre sí a todos los miembros de la familia como amplia sociedad doméstica. Hay ecos todavía de esta concepción tradicional, propia de la anterior época de la clase ociosa caballeresca, en las páginas de *La Celestina*. Cuando Sosia, por ejemplo, uno de los más humildes servidores de Calixto, conoce la desgracia de Sempronio y Pármeno, les llama «nuestros compañeros, nuestros hermanos» y da por supuesto que el amo está obligado respecto a ellos y respecto a todos sus domésticos, porque su suerte afecta a la honra de la casa

---

[2] Alguno ha objetado que la mansión de Pleberio no parece hallarse en un barrio muy distinguido. También en esto *La Celestina*, a nuestro parecer, se atiene a la imagen social de su tiempo, en el cual tales barrios no existen. Heers, excelente especialista en la Historia social y económica del siglo XV —cuyo estado de cosas hay que pensar que refleja Rojas al empezar la centuria siguiente—, ha hecho ver que «el hombre de negocios no se aísla; el reparto (topográfico) de viviendas y fortunas en el interior de la ciudad confirma esta impresión... el hombre de negocios continúa cerca de la calle y del pueblo» —solo más tarde, en el XVII, se aparta con sus iguales en barrios distinguidos, en ciertas ciudades, como Génova (ob. cit., págs. 230-231).

(págs. 229-230). La fría y calculadora Areúsa llamará con razón al infeliz Sosia «el fiel a su amo», para adularle por ese lado y atraérselo, con el fin de sonsacarle lo que de él desea saber (pág. 264). También en Sempronio, aunque tan sólo en un primer momento, se manifiesta una actitud semejante, en virtud de la cual se siente obligado a sermonear a su joven señor. En la literatura celestinesca (tan por debajo en todos los aspectos —y muy especialmente en su significación histórica— del nivel del prototipo, cuyo problema humano no se capta), vemos que los criados, de ordinario, se mantienen dentro de un cuadro tradicional de fidelidad. En la *Comedia Thebayda* reconocen la obligación de «que en esta necesidad le sirvamos fielmente y con toda diligencia»[3]. En *Lisandro y Roselia*, el criado Eubulo es sabio y prudente, como un ayo de la literatura medieval de «espejos», y los restantes, aunque complacientes o insensatos, no son enemigos de su joven señor. En la *Segunda Celestina*, si los criados en algún momento se chancean de su joven amo, por el espectáculo de aturdimiento e inexperiencia que ofrece, sus burlas, sin embargo, no están inspiradas por el rencor social, ni tienen la acritud que rezuman las palabras de los servidores de *La Celestina*, porque en ésta el sentimiento fundamental es el rencor que nace de la conciencia de las diferencias sociales. Sólo los criados de la *Tercera Celestina* se aproximan a los de su prototipo.

Para comprender esto que acabamos de afirmar, fijémonos en la evolución de la figura de Pármeno. Ninguna, tal vez, más esclarecedora del problema. María Rosa Lida se ha ocupado ampliamente de los «caracteres» de cuantos personajes intervienen en *La Celestina*, y si su labor en el acopio de datos de toda clase es realmente de admirar, la reducción

---

[3] Ed. cit., pág. 57.

del tema a una pura visión psicológica, desfigura la cuestión, y sus caracterizaciones no se pueden tener en pie. Más interesante es el punto de vista de Gilman que atiende a la configuración vital de los personajes. Y como en verdaderas «vidas», al modo como los concibe Gilman, y no en simples caracteres hechos, pensemos que en aquéllos se puede observar una evolución personal, unos cambios, que se dan en dependencia de las circunstancias sociales en que se encuentran insertos.

Pármeno confiesa en un primer momento su actitud de adhesión al señor: «Amo a Calixto porque le devo fidelidad, por criança, por beneficios, por ser del (bien) honrado y bien tratado, que es la mayor cadena que el amor del servidor al servicio del señor prende, quanto lo contrario aparta» (página 49). Pármeno, en las primeras escenas, sufre por el estado de su amo y se expone una y otra vez a aconsejarle en medio de su desatentado furor. Y cuando Calixto, para librarse de su impertinente amonestación, le ofrece remunerar su noble interés, Pármeno protesta de ello: «Quéxome, señor, de la duda de mi fidelidad y servicio, por los prometimientos y amonestaciones tuyas. ¿Quándo me viste, señor, embidiar o por ningún interesse ni ressabio tu provecho estorcer?» (página 45). Ante las propuestas interesadas de Celestina para hacerle cómplice en sus negocios con Sempronio, yendo juntos contra los verdaderos intereses de Calixto, Pármeno conserva una última resistencia y Celestina arteramente tiene que dedicarse a confundirle, haciéndole creer que es Sempronio el modelo del buen servidor, diligente, gracioso y bienquisto (pág. 131). Y es Calixto mismo, con su desorden moral, con su desconcertada estimativa, quien se encargará de dar aparentemente razón a Celestina. Calixto se muestra despreciativo y airado contra las consideraciones moralizadoras de Pármeno —«estó yo penando y tú filosofando» (pág. 67)—, y como revelación de su fondo moral, confiesa, delante de su joven y confuso servidor, que no le importa que, una vez que Celestina le haya procurado satisfacer su apetito, sea emplumada como lo había sido en ocasión anterior; ni siquiera intenta Calixto disimular que la utiliza como un mero instrumento, sin concederle ningún otro valor. Procediendo de análoga manera, Calixto acusa a Pármeno de envidioso y enemigo, precisamente por tratar de mantenerle en el recto camino, y se queja de tener junto a sí «mozos advenedizos y rezongadores», enemigos del que él llama su bien (pág. 121). En cambio, a quien secunda su destemplado apetito, como está haciendo Sempronio, Calixto le elogia por su «limpieza de servicio» (página 161). A pesar de todo, Pármeno no sólo se defiende largamente de dejarse arrastrar por las proposiciones de Celestina, y vacila y aun se vuelve atrás varias veces en el desleal acuerdo con ella y con Sempronio, sino que todavía, avanzada la acción, sigue lamentando que los engaños de Celestina hayan pesado más que sus saludables consejos (aucto VI). Sobre ello Celestina tiene que reconvenirle más de una vez, para que acepte su turbio pacto (aucto VII). Pero llega un momento en que el desorden de su amo, la codicia por la cadena de oro que éste ha entregado a la vieja y el goce de la posesión de Areúsa, le vencen definitivamente, y entonces Pármeno es arrastrado más ciegamente que todos los demás contra su señor. También en esto, desde el punto de vista de lo que pueda ser la reacción psicológica de un personaje, resulta el hilo construido por Rojas perfectamente claro. Al entrar en la sociedad de las rameras, al aceptar las maquinaciones de los desleales, al renunciar a la fidelidad en su servicio al amo, Pármeno acentúa las muestras de resentimiento. Y así, con ocasión de preparar una opípara comida en casa de Celestina, con lo hurtado en la despensa de Calixto, no se contenta ya con esa pequeña falta del hurto; para satisfacer el odio que ha ido formándose en él, necesita más: «allá fablaremos más largamente en su daño y nuestro provecho», propone a los demás, con violento despego de su línea de comportamiento anterior. También al despedirse en otro momento de Calixto [4] tiene unas frases de agria malquerencia hacia su amo, nacidas del rencor que le guarda por el envilecimiento que su desorden echa sobre todos y porque se le han venido abajo las razones en que se basaba su aceptación del sistema social de respeto al señor en que había vivido.

También en Lucrecia, criada de Melibea, se refleja, aunque con más pálidas tintas, una evolución semejante, siguiendo la cual acaba dibujándose según el retrato del mal sirviente. Esta criada, que empieza siéndolo en el sentido más tradicional, y, por tanto, sobre la base misma de un nexo familiar con la casa, muestra progresivamente su despego por su ama, se deja llevar a una complicidad fríamente consentida con el vicio y revela atracción por el placer desordenado, concupiscencia, egoísmo (auctos IX y X, pág. 280).

Todos esos cambios que se aprecian en la oposición de los criados respecto a sus amos están condicionados por la nueva relación social entre el grupo de los ricos y el de los servidores. Y como, aunque esta relación sea bilateral y activa por ambas partes, es al grupo de los poderosos al que ha correspondido la iniciativa y la influencia determinante sobre el conjunto, resulta perfectamente atinado en *La Celestina* que el desarreglo de Calixto sea el que motive el drama de todos los personajes.

¿A qué lleva la nueva posición en que el amo aparece colocado respecto al criado y viceversa? Lo que había sido una relación de adscripción personal —cuyo peso, por otra parte, había venido sintiéndose cada vez más insoportable,

---

[4] «¡Allá yrás con el diablo tú y malos años!», pág. 162.

por otros motivos— se convierte en una relación de mero contenido económico, conforme lo permiten los recursos de la economía monetaria, al generalizar el sistema de pago de los servicios en dinero [5]. Y al quedar al desnudo, en su puro contenido económico, esa relación, perdiendo el complejo tradicional de deberes y obligaciones recíprocas que llevaba consigo, queda al descubierto también entre amo y criado la inferioridad de clase del segundo, irritante para éste, porque apetece, lo mismo que su amo, la riqueza, y no encuentra motivos —aquellos motivos guerreros de la antigua sociedad— para que otros la monopolicen. En una sociedad feudal o de tipo puramente tradicional, no se comprendería hablar mal de los criados en tanto que grupo o clase. En cambio, empezamos a encontrar testimonios de ese tipo desde la época en que se incuba *La Celestina* y llegan hasta nuestros días. Las actas de las Cortes del último cuarto del siglo XV recogen lamentaciones sobre la mala calidad del trabajo que se compra. Recordemos también que la obra de Rojas es una «moralidad» contra los malos sirvientes. En los mismos años de *La Celestina*, Gabriel Alonso de Herrera habla asímismo del tema y carga sobre la condición de los trabajadores asalariados el escaso y mal rendimiento en el servicio: «como agora ande tratada la tierra de obreros alquiladizos, que no curan más (que) de su jornal, o de criados sin cuidado o de viles

---

[5] Es posible que estadísticamente siguiera siendo superior el número de casos de remuneración en especie. Pero lo nuevo, que el historiador ha de tomar en cuenta para explicarse los cambios de la época, era el régimen salarial, dotado en ese tiempo de una gran fuerza de expansión. Un historiador actual de la economía ibérica, Gentil da Silva, sobre la base de informaciones concretas, entre ellas las *Relaciones topográficas* de Felipe II, ha sostenido la difusión del salariado, comprobada por lo menos en las provincias de Madrid, Toledo y Ciudad Real. Ver su obra *En Espagne*, Paris, 1966, págs. 28, 48 sigs.

esclavos enemigos de su señor» [6]. Y testimonios de esta naturaleza se repiten hasta hacerse tópicos, en la forma que nos
da a conocer —como era de esperar— Calderón, cuando en
A secreto agravio, secreta venganza, le vemos denostar a
los criados, respondiendo a la estimación de su tiempo,

> porque criados, que al fin
> son enemigos de casa.

Rencor contra el amo; motivación económica del mismo;
infidelidad, sobre todo en el plano de los intereses económicos, suscitada como oscura represalia por la injusticia de
la situación; desorden moral —según añade Rojas— que sobreviene a consecuencia de la desmesura en el ansia de placer y especialmente en los aspectos carnales. Todo esto y
cuanto *La Celestina* nos ofrece en esa esfera de relaciones,
está trazado en unos versos de la *Comedia Serafina* de Torres
Naharro, cuyo teatro tiene también un innegable valor do-
cumental sobre la sociedad moderna en sus comienzos. En
esos versos a que aludimos, el criado le dice francamente
a su amo:

> Aun pensareis los señores
> que a los pobres servidores
> nos habeis quizá comprado.
>
> Pues no voy vez al mercado
> que luego, tornado d'él,
> no pase por el burdel
> a dejar lo que he sisado [7].

También los criados, en el teatro de Torres Naharro, ma-
nifiestan una actitud de despego irónico y están prestos a
burlarse de las dificultades o de los defectos del señor, impu-

---

[6] *Libro de Agricultura*, Madrid, 1513, prólogo.
[7] Ed. de Libros de antaño, con un estudio de Menéndez Pelayo,
Madrid, 1900, vol, I, jornada I, pág. 153.

tando a culpa de éste la infidelidad con que pagan su mal
trato. Hay un pasaje, ferozmente agrio, en *La Celestina*,
donde se nos revela el claro sentimiento de esta situación.
Nos referimos a las palabras terribles de Areúsa, contra
«estos señores que agora se usan»: con ellos no se medra
y, en cambio, se es maltratada. Areúsa pinta un cuadro de
tintas realmente duras, negras, sobre la manera de conducirse las amas con sus sirvientas, que parece reflejar algo
vivamente sentido. La vivacidad de la expresión, el radical
despego que esas frases traducen, el sentimiento de profundo abandono a que responden, las terribles acusaciones que
contienen, hacen de ellas mucho más que un afortunado ejercicio de retórica. Son todo un documento social. También
la diatriba de la propia Celestina contra los señores presenta los mismos caracteres y si no nos detenemos en ella
ahora es porque añade otros matices que más adelante hemos de considerar.

Ciertamente que el rico, en cuanto tal, ocupó y ocupa, desde los comienzos de la época moderna, el puesto más distinguido y privilegiado respecto a las relaciones con el poder
social y aun con el poder político. Pero no menos cierto es
también que su predominio, desde el primer momento, nunca llegó a ser aceptado con el general acatamiento de que
habían gozado otros grupos antiguamente privilegiados. Del
noble tradicional no se discutía por moralistas y satíricos,
en la Edad Media, su puesto social, sino sus cualidades personales, su mejor o peor cumplimiento, individualmente, de
sus deberes. De los ricos modernos, en cambio, no se discuten
tanto las virtudes o vicios que personalmente puedan tener,
como su posición predominante en la sociedad. La crítica
contra las razones de su encumbramiento se suscita desde
los primeros momentos y toma un carácter social o de grupo.
No se ataca a los malos ricos tanto como se protesta de que

se conceda preeminencia a la riqueza, a la que, de suyo, no se le reconocen títulos para su predominio. Y como el estado social que se contempla se juzga basado en este irritante privilegio, la crítica de las nuevas formas sociales toma un tono particularmente acre: «en esta nuestra era, dice Pedro de Navarra, un hombre rico, puesto que sea vil en sangre, infame en la vida, inhábil y vicioso en la persona, y que finalmente tenga todos los defectos de la vida, a buelta de sus riquezas cabe en todas partes, tanto que es respetado, oydo y creydo, loado, servido y acompañado y aun desseado de muchos grandes por deudo»[8]. Lo grave en estas palabras no está en los negros caracteres con que se pinta a un posible rico, sino en los del cuadro de la situación social en que éste se impone.

En el campo de la vida real de la sociedad de entonces hemos tomado en cuenta, en otro lugar, un curioso documento, relacionado con la sublevación de los comuneros y ligado a los aspectos sociales de la misma, en el que un anónimo fraile burgalés clama contra el mal comportamiento de los señores eclesiásticos con sus servidores, documento en el que se pone de manifiesto la conciencia de la injusta desigualdad de los estamentos sociales y el rencor que ello despierta: «tratan mal a los súbditos e vasallos, siendo (éstos) por ventura mejores que ellos»[9]. La protesta contra la situación social se apoya en el sentimiento personal, de raíz individualista, de no estimarse inferior el criado en compara-

---

8 *Diálogos muy subtiles e notables,* Zaragoza, 1567, folio 14.
9 El documento lo recogió Sandoval, en su *Historia de la vida y hechos del Emperador Carlos V,* BAE, LXX, pág. 232. Lo citamos y comentamos en nuestro reciente libro: *Las comunidades de Castilla, una primera revolución moderna,* Madrid, 1963. Lo que en sus palabras llama la atención, y en las de otros textos semejantes, no es la protesta contra el comportamiento de los ricos, sino la conciencia de que los que están debajo pueden valer más.

ción al señor a quien sirve. El régimen social de predominio
de los detentadores de la riqueza fue discutido en su mismo
origen y por las mismas fuerzas en cuyo desarrollo aquél se
apoyaba.

¿Cuál es la razón histórico-social de esta actitud? Observemos que los criados que acompañan a Calixto no son ya
sus «naturales». Desde la baja Edad Media se llamaban «naturales» de un señor aquellos que dependían de él en virtud
de una vinculación heredada, según un nexo que se presenta-
ba con un carácter familiar, doméstico, cuya trasmisión se
suponía, con mayor o menor exactitud, que había tenido lugar de generación en generación, y que se mantenía, en principio, de modo permanente. Por estas causas, la dependencia
«natural» o de «naturaleza» engendraba, junto a unos derechos y deberes recíprocos, de condición jurídica, otras obligaciones de tipo moral, difícilmente definibles y mensurables,
sobre cuya determinación no cabían más que criterios con-
suetudinarios —adhesión, fidelidad, ayuda, etc.—. A diferencia de los que poseían este «status» familiar, los criados de
Calixto son mercenarios, gentes alquiladas, cuyos derechos
y obligaciones derivan de una relación económica y terminan
con ésta. Por lo menos, aun que por tradición se finja que
permanecen y aunque aparezcan bajo formas cuasifamiliares,
no es así en la conciencia de esos nuevos servidores, como
tampoco en la de sus amos, atendiendo a cómo unos y otros
se comportan de hecho. Se trata, con toda nitidez, de rasgos de los «siervos comprados» o de los «servidores sala-
riados», de que habla coetáneamente Juan de Lucena [10], y
cuya dependencia se obtiene, como el propio Lucena observa, cuando se pueden pagar, esto es, cuando se posee riqueza, y no por relación señorial heredada.

---

[10] *De vita beata*, ed. de Bertini, en *Testi spagnoli del secolo XV*,
Turín, 1950, pág. 104.

Los servicios personales a que el criado está obligado, según esa nueva relación, se pagan con un sueldo o salario, como antes dijimos —así llaman, con ajustado neologismo, a la remuneración que esperan, los personajes de *La Celestina*[11]. La obtención de éste —y, a ser posible, la del mayor provecho económico que encuentren a su alcance— es el móvil del servicio. Prima en ello la finalidad económica, y, por tanto, es siempre un servicio calculado, medido. Sempronio, ante el temor de que los amores de Calixto le ocasionen perjuicios —en lugar del provecho que espera de acuerdo con sus cómplices—, declara: «al primer desconcierto que vea en este negocio no como más su pan. Más vale perder lo servido que la vida por cobrallo» (pág. 70), declaración bien explícita acerca de lo que para él es el contenido de su relación de servicio. Los criados, desde el primer momento, están dispuestos a no arriesgar nada, y, si llega el caso, a abandonar a la muerte a su amo, poniéndose ellos a salvo. Este proceder, en algunos personajes de la literatura celestinesca posterior, se atribuye a las figuras de fanfarrones que, siguiendo con mayor o menor aproximación el tipo clásico del «miles gloriosus», aparecen en todas estas obras como derivación mal entendida del Centurio de *La Celestina* —más alejado del tipo latino que cualquier otro de sus congéneres[12]—. De esa manera,

---

[11] En catalán la voz «salario» aparece entre los siglos XIV y XV: Eiximenis se sirve de ella sin señalar su rareza o novedad (ver su *Doctrina conpendiosa* ed. del P. Martí de Barcelona, col. «Els nostres clássics 1929, págs. 88 y 103). En castellano, el *Diccionario* de Corominas la registra en la *Biblia medieval romanceada* y en el *Vocabulario* de A. de Palencia. Señalemos que en Pérez de Guzmán (ob. cit., páginas 179 y 181) hallamos por dos veces la palabra, que en cualquier caso y en correspondencia con la institución económica que designa, es rara en los escritores de la segunda mitad del siglo XV.

[12] Ver María Rosa Lida, *El fanfarrón en el teatro del Renacimiento*, en *Romance Philology*, XI-6, 1958. Y *La originalidad artística de «La Celestina»*, ya cit., págs. 693 sigs. En ambos estudios aleja la figura de Centurio de la del «miles gloriosus».

la cobardía real del fingido valiente se debe, en tales casos, a un carácter personal, mientras que en esas mismas «comedias» celestinescas se encuentran con frecuencia criados valerosos y cumplidores de su deber de ayuda. En *La Celestina* la huida de los criados cuando hay que luchar, su deliberada abstención del peligro, no es manifestación de una psicología de cobardes, sino resultado de una situación social. Quien moralmente ha reducido su relación con el amo a cobrar un salario, no se siente obligado a más, y un nexo tan externo y circunstancial puede romperse cuando así convenga, ya que, efectivamente, la conveniencia es su única razón de ser. Calixto y Melibea parecen creer, transportados fuera de la realidad por su entrega amorosa, que pueden esperar otro comportamiento por parte de aquéllos, pero los supuestos de que parten no justifican otra cosa. Melibea recomienda a Calixto que sea dadivoso con sus sirvientes para premiar su comportamiento. Pero el problema, en un régimen de trabajo alquilado, a lo moderno, es otro. Más adelante será claramente planteado por Mateo Alemán: si es obligación pagar bien y con justicia al que sirve, no por que el amo cumpla con ello tenemos que pensar que el criado le deba agradecimiento; para ser servido con amor es necesario alargarse a más de lo debido [13]. Hasta tal punto, el nuevo régimen de trabajo, tal como se define en la sociedad capitalista, supone, como contraprestación a un salario, un servicio medido y proporcionado a aquél, sin nada más.

Si Calixto alaba ocasionalmente a sus servidores en forma que no corresponde demasiado al trato que le vemos tener con ellos, es para responder a esa ley de la «ostentación» que rige en su posición social, para mostrar que, de acuerdo con ella, tiene a su servicio buenos servidores, tal como cum-

---

[13] *Guzmán de Alfarache*, ed. Clás. Cast., vol. II, pág. 76.

ple a su reputación. No hay, en cambio, relación afectiva y
personal de los criados al amo, ni tampoco de éste a aquéllos, como se revela al conocer Calixto la desgracia que sus
acompañantes han sufrido. Si hay una primera reacción de
«caballero» al modo antiguo, su pronto y fácil acomodo para
librarse de obligaciones de señor respecto a sus servidores
y la apelación, con tal objeto, a la conveniencia del negocio
en que está, confirman la falta en él de auténtico espíritu
caballeresco, según corresponde a la caracterización de su
figura social que en la primera parte de este análisis intentamos hacer.

Celestina, con aguda malicia, abre los ojos a Pármeno sobre el verdadero sentido de su posición: está en la casa de
Calixto, pero no es de ella; no es más que un mercenario para
su amo. No es un «natural», es un extraño, como lo ha sido en
otras partes, porque, como corresponde a tal configuración,
ni ha permanecido de siempre en casa de Calixto, sino que
ha pasado por muchas, ni tiene por qué considerarse vinculado a aquél. «Sin duda, dolor he sentido porque has tantas
partes vagado y peregrinado, que ni has avido provecho ni
ganado deudo ni amistad» (pág. 52). Ni beneficio material, ni
relación personal: un pago reducido al mínimo, que se puede
cortar en cualquier momento. Por puro interés, dirá también Areúsa, se rompe la relación con los sirvientes y se les
echa cuando ya no son útiles (pág. 174).

Ante un mundo de relaciones sociales de este tipo, Celestina no aconseja al joven servidor que procure buscarse un
empleo de diferente condición, puesto que todos son semejantes, sino que le recomienda aprovecharse egoístamente y
calculadamente del que tiene mientras dure. Por muchos
años que sirva a Calixto, el galardón que podrá obtener de
su amo no será nada. Que se aproveche del estado de aquél,
sin lamentar que malgaste su hacienda, porque únicamente

lo que con ese proceder consiga para sí sacará en limpio (página 133). Y esto no son palabras astutas de Celestina, sin fundamento real. El comportamiento de Calixto y las reacciones de todo el mundo de los criados en la obra, nos hacen ver que es la base social real de que se parte. De ahí la crítica de «cómo son los señores deste tiempo», crítica que es una pieza esencial para comprender el sentido del drama: «dessecan la substancia de sus sirvientes con huecos y vanos prometimientos. Como la sanguijuela, sacan la sangre, desagradescen, injurian, olvidan servicios, niegan galardón... Estos señores de este tiempo más aman a sí que a los suyos y no yerran. Los suyos ygualmente lo deven hazer. Perdidas son las mercedes, las magnificencias, los actos nobles. Cada uno destos cativa y mezquinamente procuran su interesse con los suyos» (pág. 53). Egoísmo, explotación, en un mundo en que cada uno no busca más que su provecho. Y a estos juicios de Celestina, de los criados, de las rameras, se corresponde un perfil de Calixto, magistralmente trazado en los sucesivos episodios de la obra, de un radical egoísmo utilitario, que Gilman y María Rosa Lida han puesto de relieve en sus respectivos estudios [14].

En Sempronio una actitud semejante está dada antes de que aparezca Celestina. Ante la dolencia amorosa que aqueja a Calixto, reflexiona aquél: «si entretanto se matare, muera», y ante tal eventualidad lo que se le ocurre es pensar si puede sacar buen partido, quedándose con cosas cuya existencia los otros ignoren, mejorando de esta manera en su suerte (página 26). Ya antes vimos otro similar testimonio suyo no menos rotundo. Y esto deriva de cuál es la estimación tan desfavorable que Sempronio tiene de su amo y de la ausencia de todo deber moral que pueda estimar que le ligue a su de-

---

[14] Gilman, *ob. cit.*, pág. 149; María Rosa Lida, *ob. cit.*, pág. 351.

fensa y conservación. Hasta el más joven de los criados, el paje Tristán, no deja de tener una bien áspera frase sobre Calixto, sintiéndose desligado de él por no reconocerle un valor moral que a su amo le obligue: «¡Dexaos morir sirviendo a ruynes!» (pág. 238).

Los criados conservan siempre también una clara noción de la maldad de Celestina y del negocio a que están entregados. Pero no pueden encontrar, en el estado social en que se hallan colocados, motivos para detenerse. Todos, y los principales aún mucho más que el paje Tristanico, consideran ruin a Calixto, y, por tanto, ante las posibilidades que les abre su enajenación, no tienen más que un objetivo: «aprovecharse». Así lo anuncia Sempronio (pág. 39), y sobre ello acaban poniéndose de acuerdo. No falta más que encontrar manera. Muy diferentemente del modo como, en el torpe desarrollo del tema celestinesco que se da en otras novelas posteriores, en las cuales, a los personajes que en ellas proyectan actuar tan egoístamente apenas se les ocurre otra cosa que la violencia, en *La Celestina*, el trío de los confabulados busca un método propio de la mentalidad de la época, un arte hábil, calculado, desarrollado sabiamente: enunciarlo y dirigirlo es el papel de la maquiavélica vieja.

V

LA PROTESTA CONTRA LA DETERMINACIÓN SOCIAL DE LA PERSONA. PRAGMATISMO Y CÁLCULO. EL COMPORTAMIENTO COMO TÉCNICA

La predisposición que revelan y la subsiguiente evolución que a través de la obra se observa en los criados más próximos a la persona de Calixto, explican perfectamente el éxito de Celestina para atraerlos «con anzuelo de codicia y de deleite» (pág. 19). Su comportamiento no tiene nada que ver con el que se atribuye a los criados bribones en algunas narraciones medievales. No son caracteres perversos en los que se dé una predeterminada y fija inclinación al mal. Su proceder es un resultado social, al que se ven arrastrados por la situación en que se encuentran, en virtud de la cual se hallan instalados en unas formas de vida que condicionan la quiebra de la virtud moral, tradicionalmente estimada, de los individuos inmersos en aquéllas. Y de esa consecuencia, la responsabilidad corresponde principalmente a la sociedad en que les ha tocado vivir y al grupo dominante de los señores.

Estos criados acompañantes del señor, según las condiciones de la nueva clase ociosa del siglo xv, nada tienen que ver

con el sabio anciano de los cuentos medievales, cuya figura
se encuentra, por ejemplo, en apólogos del infante don Juan
Manuel. Aunque en la primera parte tengan junto al desca-
rriado joven, un papel de sermoneadores, no va a ser esa su
misión. Tampoco su antecedente inmediato hay que buscarlo
en los esclavos de la comedia clásica, como ya intuyó M. Pelayo y queda bien puesto en claro después de la colosal investigación de María Rosa Lida. Finalmente, tampoco corresponden a la figura del criado en el teatro posterior. Todo ello
hace pensar que se trata, pues, de figuras muy ajustadamente
referidas a la situación concreta y peculiar de los comienzos
de la Edad Moderna, cuya novedad, cuya singularidad, irreduc-
tible a los tiempos de la Antigüedad clásica, del Medievo o
del Barroco, explica que tales personajes de *La Celestina* se
presenten como criaturas originales, diferentes de todos los
tipos anteriores o posteriores con los que podrían tener alguna semejanza [1]. En tal sentido dijimos al empezar, que *La
Celestina* reflejaba con perfecta adecuación la imagen de la
sociedad en que había sido escrita.

Es cierto que Sempronio se nos presenta junto a su amo,
en alguna ocasión, ejerciendo un papel parecido al del gracioso en la comedia española del XVII (pág. 64). Basándose en
algunos datos de esta naturaleza, Menéndez Pelayo escribió:
«Los dos criados de Calixto tienen particular importancia en
la historia de la comedia moderna, porque en ellos acaba la
tradición de los Davos y los Siros y penetra en el arte el tipo
del fámulo libre, consejero y confidente de su señor, no sólo
para estafar a un padre avaro dinero con que adquirir una
hermosa esclava, sino para acompañar a su dueño en todos

---

[1] Esto no contradice ni la libertad artística (Gilman), ni la originalidad (M. R. Lida) de *La Celestina*, pero no es posible dejar de señalar la motivación histórico-social, sobre la que son posibles aquellos
valores literarios.

los actos y situaciones de la vida, alternando con él como ca-
marada, regocijándole con sus ocurrencias, entrometiéndose
a cada momento en sus negocios, adulando o contrariando sus
vicios y locuras, haciendo, en suma, todo lo que hacen nuestros
graciosos y sus similares italianos y franceses, derivados a
veces de los nuestros. Pero esta representación que con el
tiempo llegó a ser tan convencional es en Rojas tan verídica
como todo lo demás si se tienen en cuenta las costumbres
de su siglo y la intimidad en que vivían los grandes señores,
no sólo con sus criados (palabra que tenía entonces más noble significación que ahora), sino con truhanes, juglares y
hombres de pasatiempo». En dos pasajes, sobre todo, vino a
apoyarse M. Pelayo para sostener la aproximación entre los
graciosos y los criados de *La Celestina:* en primer lugar las
escenas del aucto II, en que Sempronio aparece como acom-
pañante placentero y alegre que distrae al señor con sus «do-
naires» (la representación del criado como «figura del do-
naire» será hecha por Lope en el prólogo de *La Francesilla);*
en segundo lugar la presentación que Sempronio hace de sí
mismo en el aucto IX, como contrafigura del señor, como ca-
ricatura aplebeyada de los caracteres aristocráticos de aquél,
cuando dice de sí «andar hecho otro Calixto» en su amor por
Elicia [2].

No cabe duda de que la base que todo esto representa
para equiparar graciosos y criados celestinescos es bien exi-
gua. Y aparecen, en contradición con ese intento de interpretación, las imágenes enteras de unos y otros, cuyas profun-
das diferencias ayudan a comprender la propia significación del mundo social de *La Celestina.*

El gracioso es siempre inclinado a prestar fiel ayuda a
su señor, por lo menos en la medida en que se lo permita la

---

[2] *Orígenes de la novela,* III, págs. 362-364.

falta de virtudes heroicas, las cuales, según la concepción estamental de la virtud, vigente todavía en el XVII, no le corresponde poseer por razón de su condición plebeya. A pesar de ésta, y a pesar también de que no es sabio —aunque a algunos de ellos, en el desarrollo de la acción, el autor o autores los acerquen a las aulas universitarias para dar verosimilitud a sus culteranismos—, el gracioso pone al servicio de su señor la astucia, la prudencia o la sindéresis que su baqueteada experiencia de la vida le ha proporcionado. Es muy acertada la observación de Ch. D. Ley: «el gracioso será siempre muy amigo de su dueño, muy benévolo para con sus flaquezas, cuando por tales las juzga», y en relación con ello tiene, por lo menos, una virtud positiva, «su fidelidad al protagonista, de quien constituye una especie de sombra»[3]. A la actitud irreflexiva, de entrega, que tópicamente asume su señor, actitud que el criado de la comedia del XVII estima como generosa, se corresponde en éste una sabiduría mundana y aun desvergonzada, que siempre se pone —con buen o mal resultado, esto puede variar—, al servicio de los intereses del joven amo, de quien viene a ser un trasunto en negativo[4].

Aunque condicionada por la situación social que la clase dominante ha producido y sostiene, o, mejor dicho, en tanto que condicionada por esa situación, la personalidad del criado de *La Celestina* es mucho más autónoma. Y su desvinculación moral del señor llega a ser radical: es enemigo suyo: no pretende ayudarle, sino conseguir su propio provecho, aun perjudicando a aquél, y hasta procurando sistemáticamente

---

[3] *El gracioso en el teatro de la Península (siglos XVI y XVII)*, Madrid, 1954, págs. 19 y 76.

[4] Damos aquí una rápida síntesis. Sería éste un tema de interés para una investigación de sociología literaria. Creemos en principio, que las aparentes excepciones que podrían señalarse a lo que arriba decimos, serían más bien matizaciones de nuestra tesis.

su daño; no es fiel, por tanto, sino aprovechado; no estima por encima al señor más que, a lo sumo, en algún aspecto de linaje; y, lejos de ser benévolo con sus faltas, le califica duramente de ruin y destaca su mala condición moral, como eximente, si no justificante, de su proceder contra él.

Esta radical discrepancia entre la figura del gracioso y la del criado celestinesco deriva, como llevamos dicho, de una motivación histórico-social. Los criados de *La Celestina* corresponden a la fase de crisis de la sociedad señorial del siglo xv. Se aprecian en sus imágenes, con vigorosa conciencia, los desarreglos que trae consigo la caída del orden tradicional. No se trata de que esa actitud de protesta y rencor brote precisamente de añoranza por el régimen precedente, cosa inexplicable en quienes no habían hecho más que sufrir también sus muchos males y aun mayores. Pero ese desarreglo que los cambios sociales de la nueva época traen consigo pone en claro —y hoy hemos de considerar esto como un aspecto fecundo en la Historia social— las injusticias que el nuevo sistema, basado en los privilegios de la riqueza, introduce en las relaciones entre los individuos. Consideremos también que, si en ello encontró apoyo, como es bien sabido, la autoridad estatal —de suyo opuesta a los antiguos poderes señoriales—, para imponer un nuevo orden, dio también lugar a que, con el impulso de un individualismo creciente, cada uno buscara obtener el mayor provecho posible y el auge del egoísmo hiciera palidecer la presencia de otros resortes en las relaciones interindividuales de los hombres que vivieron la crisis de la modernidad.

Los investigadores de Historia social y económica con todo rigor han demostrado que, a fines del xvi, se produce, con la reorganización económica de la propiedad territorial, una nueva fase de vigoración del régimen señorial. El fenómeno, después de los trabajos de Braudel, está claro en todos los

países de la cuenca mediterránea, con manifestaciones en el
resto de Europa. En España se presenta con características
especialmente acentuadas [5]. Pues bien, la figura de los «graciosos» en nuestro siglo XVII corresponde a la de los criados
de esa nueva etapa de una sociedad señorial, cuya nueva estructura resulta tan fuertemente impuesta en España, hasta
el punto de que frente a ella no cabe ya la protesta y apenas
quedan posibilidades para el rencor. No hay otra salida que
la acomodación. La invención de los graciosos hay que atribuirla a la mentalidad que deriva de la aceptación de la nueva
sociedad señorial. Su difusión coincide, en el campo del
teatro, con la nueva moral acomodaticia que caracteriza, en
sus más peculiares manifestaciones, a nuestro siglo XVII y
que dará en él la obra de moralística más representativa
quizá del tiempo: la obra de Gracián.

Esas posibilidades de manifestación, tan férreamente reducidas, del rencor antisocial, producirá en la literatura española el fenómeno de la novela picaresca. Los criados de
La Celestina no son pícaros, porque en la sociedad más libre,
menos esclerótica, de fines del XV y comienzos del XVI, hay
todavía lugar para la protesta, aunque sea dentro de un alcance reducido. Los pícaros no son criados al modo de los de
La Celestina, pero derivan de un espíritu emparentado con el
de aquéllos, contorsionado, eso sí, bajo la ley de crueldad
social que preside sus vidas, y adaptado a las nuevas circunstancias de una sociedad que ha vuelto a ser mucho más cerrada.

Se dirá que indudablemente el sentimiento de la diferencia
entre ricos y pobres ha existido siempre y es innegable en
la Edad Media. Pero en el mundo medieval esa diferencia de
estado social se utiliza a fines adoctrinantes, de acuerdo con

---

[5] Braudel, *La Meditérranée et le monde meditérranéen à l'époque
de Philippe II*, Paris, 1949, págs. 616 sigs.

todo el finalismo que preside las mentes de ese tiempo. En las admoniciones y condenas de la Iglesia medieval sobre el comportamiento de los ricos, dando a considerar los males y dolores del pobre desvalido, no se trata nunca de cambiar las relaciones de los estratos sociales tal como han sido dadas por el tiempo y a las que el Medievo tiene por eternas, sino de tomar motivo en esos dolientes testimonios para incrementar el ejercicio de la caridad como virtud cristiana [6]. Es así como los capiteles de iglesias y claustros románicos repiten una y otra vez la representación del episodio bíblico del rico avariento y el pobre Lázaro —recuérdese, como ejemplo, la admirable realización de Vézelay o, entre nosotros, la del pórtico de San Vicente de Ávila—. Pero también aquí la crítica que esto supone se reduce a una severa advertencia contra el incumplimiento de los deberes que al estado de los ricos van adscritos. No se trata nunca, hasta que empieza la época de la modernidad, de protestas por la existencia misma de tales estados. Desde el siglo XIV, y con incomparable vigor en el XV y a comienzos del XVI, la protesta alcanza a la subsistencia de los estamentos mismos, para salir de ellos o, por lo menos, para cambiar su postura. En los *Proverbios de don Sem Tob* se encuentra ya la desazón del que comienza a sentirse mal colocado socialmente, hecho en el que, por muy converso que sea su autor, hemos de ver, por encima de razones psicológicas de base étnica, causas que dependen de la situación social, históricamente dada, debido a lo cual testimonios de ese género, a partir de tal época, empiezan a darse en todas partes y entre todas las gentes, con tal de que no pertenezcan a las más altas clases.

---

[6] Bühler, *Vida y cultura en la Edad Media*, (trad. esp.), México, 1946; página 141.

Los esclavos del teatro clásico como, más tarde, los graciosos de la comedia lopesca se quejan de su suerte, sin levantarse contra ella. Los criados celestinescos es bien cierto que
no conspiran para derribar públicamente una situación política —aunque muchos de sus iguales en la vida real parti-
ciparían seguramente en el movimiento comunero y con-
tribuirían a darle esa inclinación social que es bien patente
en la rebelión—; pero, de todos modos, rota su vinculación
moral con el amo, sólo tratan —deslealmente, según una apreciación de base tradicionalista— de sacar las mayores ventajas de aquél, aprovechándose del desconcierto en que puede
encontrarse. Los graciosos nunca procederían, premeditada-
mente, en daño de su señor. Los servidores de *La Celestina*
se mueven por la deliberada voluntad de conseguir su medro,
en detrimento de los intereses de su amo. En aquéllos puede
haber quejas por su suerte, en éstos, rencor por su posición.

Celestina dice con resentimiento que Calixto es tan rico
que con un poco de lo que le sobra podría ella salir de su
pobreza (pág. 171). Esto es lo que buscan todos. No se trata
de un problema a resolver según los deberes de caridad que
a Calixto tocan, como al rico del Evangelio. Se anuncia el
sentimiento de una injusta distribución: lo que unos tienen
de más es que otros lo tienen de menos. Por eso, el que
tiene más de lo necesario, dice coetáneamente fray Alonso
de Castrillo, se sale del orden justo de la convivencia humana[7]. El odio de Elicia y, más aún, o más enconadamente,
el de la consciente Areúsa, contra Melibea, no es tanto por
motivo de la muerte de sus amantes como por ser aquélla
rica. Por eso vemos estallar ese odio, anticipadamente, libre-
mente, en el aucto X, mucho antes de la ejecución de los
criados. El resentimiento social que anida en ambas mozas

---

[7] *Tratado de República*, que se publica en 1521. La cita en la
página 224, de la edición de Madrid, 1958.

les hace decir que todo lo que de bueno y estimable posee
Melibea lo debe únicamente a su dinero. Incluso «aquella
hermosura por una moneda se compra en la tienda», porque
«las riquezas las hazen a éstas hermosas y ser alabadas,
que no las gracias de su cuerpo» (pág. 168).
Y es que todo lo apetecible en la vida, no sólo el bienestar
material, sino también el contento y la dicha, y hasta la
felicidad en el más allá, son bienes condicionados por la
posesión de riqueza. Crudamente, Melibea, que, como rica,
está ideológicamente influida por esa privilegiada posición,
cuando Celestina le habla de las dificultades que el desam-
parado de bienes económicos, en su lamentable existencia,
encuentra, le contesta «otra canción dirán los ricos» (página 86). En otro pasaje, Elicia reconoce que hasta «los
ricos tienen mejor aparejo para ganar la gloria que quien
poco tiene» (pág. 149).
    Por el contrario, la pobreza es condición para todo mal.
Y, por consiguiente, para librarse de dolor es necesario actuar de manera que, aguijoneado por la carencia, pueda
uno salir de ella y alzarse a mejor fortuna. Sempronio y
Pármeno conocen perfectamente la maldad de Celestina.
Sempronio se pregunta qué diablo habrá enseñado tanta
ruindad a la vieja tercera. Y Pármeno contesta: «la necesidad y pobreza, la hambre. Que no ay mejor maestra en
el mundo, no ay mejor despertadora y abivadora de inge-
nios» (pág. 165). Si la riqueza condiciona la virtud, su falta
es condición de indignidad, de indigencia incluso moral.
Tal es la razón de la profundidad del resentimiento de los
desheredados contra los favorecidos.
    Esto acentúa, en el pensamiento de la época —precisa-
mente para alzarse contra ella—, la conciencia de un determinismo social sobre la condición de las personas. Todavía
para muchos —y en el XVII se incrementará esta tesis— las

cualidades se trasmiten por la sangre, según la concepción
caballeresca, pero cada vez penetra más la idea de considerarlas fundadas en el estado económico, hasta el punto de
llegarse a la neta repulsa de la doctrina tradicional de que
sea la sangre la que separa las clases. En el Arcipreste de
Talavera leemos que, criados el hijo de un labrador y el
de un caballero, solos, en un lugar apartado de montaña,
y con unos mismos padres aparentes, cada uno sale a su
procedencia de linaje, con los gustos, costumbres y virtudes
de su clase[8]. En esto no cree demasiado el hombre moderno.

En la Edad Media, ese determinismo se funda en la
sangre nobiliaria; en el XVII, aun conservándose esa idea,
se señalará otra base: la *calidad nacional.* Así, en la novela
de Castillo Solórzano, *La inclinación española,* se parte de
un supuesto semejante al que hemos visto utilizado en el
cuento del Arcipreste de Talavera, con la diferencia de que
no son hijos de labradores o de caballeros, sino un niño
español, criado y educado ocultamente en Polonia, a pesar
de lo cual sale con las marcas que a tal condición nacional
le eran atribuidas. En cambio, en *La Celestina,* lo que hace
bueno o malo, feliz o desdichado, no es otra cosa, fundamentalmente, que *la posesión de riqueza.* En una época,
en una sociedad como la del XV, de la que ya señalamos la
importancia que al amor se le concede, hasta este sentimiento se encuentra estamentalmente condicionado. En una fa-
mosa obra de Gil Vicente[9], la princesa, al hablar con Don
Duardos, a quien no ha reconocido por ir disfrazado de
labrador, se asombra de las respuestas que le da con tanta
galanura y de que le hable de sus sentimientos amorosos.

---

[8] *Arcipreste de Talavera,* ed. M. Penna, Turín, s. a., pág. 43.
[9] *Tragicomedia de don Duardos,* en *Obras de Gil Vicente,* ed. cit.,
páginas 184 y 169.

Por eso, le amonesta en estos términos, que responden a
una neta concepción estamental de las calidades personales:

> Debes hablar como vistes
> o vestir como respondes.

Y en la *Segunda Celestina*, ante las discretas palabras
de un rústico, se comenta: «el amor te hace decir lo que tu
estado niega», y se da como explicación del elevado razonar
de un hombre de bajo estado la de que «como espíritu habla
en él el amor [10]. Claro que ello ya supone una puerta abierta
en el cerrado estamentalismo que hacía de la gentileza, de
la inteligencia, de la virtud, patrimonio del rico caballero.
También en el mismo *Don Duardos* nada menos que todo
un Emperador puede exclamar:

> ¡Oh, gran Dios,
> que a los rústicos pastores
> das tu amor encendido
> como a nos!

Es decir, se admite ya que Dios hace que la capacidad
de sentir el amor, la cual es un verdadero don divino, pueda
ser comunicada también a gente humilde. Tengamos en cuenta que, de entre los estados bajos, se trata, en este caso,
de pastores. Aunque es cierto que el pastor gozó siempre,
por tradición de doble fuente clásica y cristiana, de una
estimación socio-moral superior a la de su estado —de lo
cual derivará la novela pastoril renacentista—, no menos
cierto es que, de ordinario, de los pastores enamorados de
fines del XV y comienzos del XVI, acaba descubriéndose en
las novelas y poesías que son caballeros disfrazados [11].

---

[10] Ed. cit., pág. 398.

[11] Humorísticamente, como tema de cuyo problematismo, aunque
superado, todavía queda un eco que permite traerlo al recuerdo de

De todos modos, en la época que consideramos comienza ya a haber indicios de que los valores cuyo monopolio la clase dominante se reservaba, tienden a escapársele de entre las manos: en primer lugar, porque la nueva conciencia, que se presenta con franco carácter individualista, no parece dispuesta a aceptar sin más esas reservas estamentales; y, en segundo lugar, porque la posesión de la riqueza, base principal de tal sistema de reserva y monopolio, tiende, por lo menos en ciertos períodos de los siglos XV y XVI, a propagarse, a ampliarse fuera de los grupos detentadores de la antigua propiedad territorial.

En *La Celestina*, los pobres, los criados, apetecen la riqueza, anhelan bienestar y felicidad, son dados al amor y no encuentran fundamento para que el goce de estos y otros bienes esté reservado a los poderosos. Entre otras cosas, porque se considera que no hay diferencia en el fondo, entre los sentimientos de unos y de otros. Por eso, en *La Celestina*, muy lejos del ropaje platonizante con que en algún breve momento se pueden revestir las pasiones de los señores, las de unos y otros, las de amos y criados, son, en el fondo, de la misma brutal carnalidad. Calixto mismo se encarga, al aproximar su amor por Melibea al que Sempronio goza de la ramera Elicia, de hacérnoslo comprender así. Le vemos soportar una broma soez de su criado acerca de la clase de amor que inconfesablemente espera saciar con ese su dios —un dios, ha proclamado ser para él Melibea—, falta más grave, le dice con brutal humor Sempronio, que la de los pecados de Sodoma (pág. 29). Cuando coja en sus manos el cordón de Melibea, Calixto no tendrá

---

los espectadores, dice todavía un personaje calderoniano en *A secreto agravio, secreta venganza*:

> «...que también a los criados
> hiere de barato amor!».

más que un pensamiento lascivo (pág. 124); y desde el primer instante de encontrarse con su amada en el jardín se aplica brutalmente a satisfacer su apetito carnal (pág. 237), sirviéndose de refranes populares que aplebeyadamente expresan su clase de amor y usando en la ocasión de palabras tan groseras como las de sus sirvientes. La misma Melibea, tan voluntariosa y sensual, no queda libre de esto, y así se explica que su criada Lucrecia, ardiendo en deseos de amor carnal, que la atraen al burdel, aproxime su propia ansia de un amante a la experiencia de Melibea. Esta democratización del amor, contra las inertes convenciones aristocráticas de tipo caballeresco, las cuales no corresponden a la nueva clase ociosa y distinguida, a pesar de sus pretensiones de ennoblecimiento, encajan muy ajustadamente con los demás aspectos del panorama social de *La Celestina*.

Por obra de los de arriba y de los de abajo, el amor, cuyo papel en el desorden socio-moral del xv veremos más adelante, rompe su ordenación estamental. Y como el amor, los demás sentimientos y valoraciones que en aquélla se apoyan. Hay quienes, en el siglo xv, estiman que ninguna clase de bienes tiene por qué estar cerrada y entregada en su disfrute a una clase de privilegiados y la conciencia de ello impulsa a procurárselos con las maquinaciones que sean adecuadas, convirtiendo la vida social en un terreno de lucha y de cálculo.

Probablemente todo ello va ligado a un fenómeno de naturaleza económico-social: el desarrollo de la riqueza en el siglo xv, la expansión del bienestar material, el auge de la burguesía, el incremento de nuevas posibilidades de éxito en la vida ciudadana. Como es sabido, la peste que en la baja Edad Media azotó las ciudades, al reducir la población activa en éstas, dejó puestos libres y creó una corriente ascensional para ocupar esos vacíos. De esa manera, y con tan complejas circunstancias, el índice de movilidad social creció considerablemente, de lo que constituye un vivo testimonio el comentario de Hernando del Pulgar, que ya nos es conocido, sobre los desplazamientos de fortunas [12].

Todo ello trae consigo la apertura, por lo menos relativamente mayor, de los estamentos, el resquebrajamiento de los estados privilegiados en sus viejas convenciones de moral social, la aparición de grupos nuevos —fenómeno que en el *Libro de los estados* del infante don Juan Manuel comienza ya a poder ser apreciado. Y, en consecuencia, una promoción del individuo que puede aspirar a más y que empieza a estimar que no hay razones objetivamente válidas para las ventajas de que gozan otros.

De este estado de ánimo no brotará una declarada revolución social, aunque los primeros atisbos de esta clase de movimientos populares empiezan a señalarse en la época que consideramos [13]. Pero se despierta, sí, un anhelo de

---

[12] Ver nota 22 del capítulo segundo.

[13] Efectivamente, en los movimientos de los grupos populares más bajos, a los que en cierto modo podemos llamar ya proletarios, movimientos que se producen de ordinario bajo la capa de otros suscitados por la burguesía urbana, no hay que ver revoluciones en el sentido moderno, por lo menos plenamente. Se trata de explosiones episódicas de rencor, primera fase de ulteriores conmociones clasistas. Ello se debe al mismo estado de desarrollo, sociológicamente, de ese grupo popular. «He aquí —escribe Dahrendorf— el aserto más importante de la teoría marxista sobre la formación de las clases: las clases sólo se han constituido como tales después de haber intervenido, como grupos organizados, en pugnas políticas. Si bien Marx emplea ocasionalmente el concepto de clase en un sentido más amplio y menos preciso, numerosas comprobaciones no dejan lugar a duda de que para él el ámbito propio de la constitución y de las pugnas de clase es el terreno político. En tanto el proletariado no esté lo suficientemente desarrollado para constituirse en clase, la lucha de aquél con la burguesía no revestirá aún carácter político. Ello quiere decir, a la inversa, que sólo cuando el conflicto de clase tenga carácter político sus sujetos se habrán constituido en clase, que sólo entonces forman una clase». (*Las clases sociales y su conflicto en la*

actuar hábilmente para transformar las penosas circunstancias en que se sirve. Todavía, con una risueña aceptación
de tal estado de cosas, en el *Libro de Buen Amor* se dirá:

> El que poder non tiene, oro nin fidalguía
> Tenga manera e seso, arte e sabidoría [14]

Con acusada diferencia, en *La Celestina*, coincidiendo con
los caracteres de su tiempo, descubrimos un pragmatismo
agrio y pesimista, un verdadero maquiavelismo del comportamiento interindividual, desligado de vínculos tradicionales
y atento a la eficacia del fin egoísta que se persigue. Recordemos el hipócrita recibimiento, llamándola «reveranda persona», de Calixto a Celestina, cuya ruindad les es ya claramente
conocida: si lo hace así es porque pretende atraerla a su
favor, para, sirviéndose de sus tretas, hacer suya a Melibea,
aceptando ver sometida ésta a padecer la maldad de los métodos de la alcahueta hechicera (pág. 47). Sempronio, al proponerle a Calixto utilizar a la vieja, no le ha ocultado la condición perversa de sus artes, «sagaz en quantas maldades ay»
(página 35). A un comportamiento de esta naturaleza arrastra
el nuevo modo pragmático, individualista, moralmente desordenado —visto desde la concepción antigua— del amor, por

---

sociedad industrial, trad. esp., Madrid, 1962; pág. 43) Conforme a esta
tesis de Dahrendorf, con su arranque en Marx, no pretendemos presentar el conflicto de grupos sociales, de amos y criados, en *La Celestina* como una lucha clasista, en un momento en que la pugna
política del proletariado con la burguesía no ha comenzado y la
misma burguesía, con toda su fuerza económica, apenas inicia la
lucha por alcanzar una parte de poder político. Pero para el historiador, que no puede reducirse a contemplar los hechos como meteoros
que surgen sin preparación, tiene un interés cardinal desentrañar las
fases de iniciación de los procesos ulteriores. En este sentido *La
Celestina* contiene, aunque sea para rechazarlo, un claro testimonio
de la actitud de protesta social que llevará con el tiempo a formar
una conciencia revolucionaria: los criados de *La Celestina* habrían
formado entre las bandas más violentas de rebeldes comuneros.

[14] Ed. de Ducamin, Paris, 1901; estrofa 1434, pág. 263.

cuya pasión, nos dice curiosamente el Arcipreste de Talavera, «se levantan muchas trayçiones e tratos italianos»[15], observación esta última que nos confirma en nuestra tesis: el planteamiento típicamente maquiavélico, aunque sea antes de Maquiavelo, que está en la base de cuanto venimos exponiendo. Y un comportamiento de este tipo se impone en todos los órdenes de la vida social, orientado a un objetivo de éxito para el dominio práctico de la situación.

Celestina se atribuye a sí misma la prudencia (pág. 54). Calixto la elogia como astuta, cautelosa —la imagen maquiavélica de la serpiente se va dibujando—. Calixto mismo opta por ser un Ulises, personificación en la literatura coétanea del individuo maquinador y hábil, despreciable ante una conciencia de tipo heroico, según ha declarado finamente Bataillon[16]. En la *Tercera Celestina* se elogia a la protagonista de la primera, esto es, a la auténtica, al personaje que constituyó el prototipo, como sabia, diligente, astuta y artera[17]. La técnica de comportamiento que Celestina propone a los jóvenes criados y a la que éstos obedecen no es otra que la de ser «astutos en lo mundano» (pág. 48), interesante frase en la que el arte o técnica de la conducta se une a los aspectos de mundanización y secularización que venimos señalando. Se trata de un juego con las circunstancias, de un prudencialismo —ésta es la desviación a que la moral camina en la primera fase de la modernidad— que estudia la manera de articular el obrar personal con lo que exige cada ocasión, a fin de lograr lo que aquél se propone. La lección sobre esto la da Sempronio, ya ducho en la prudencia celestinesca que todos llevan en el fondo: «conoscer el tiempo y usar el hombre de la oportunidad haze los hombres prósperos» (pág. 39).

---

[15] Ed. cit., pág. 9.
[16] *Ob. cit.*, págs. 120-121.
[17] Ed. cit., pág. 225.

No virtuosos, sino prósperos; no la sabiduría, sino la técnica de acertar con la oportunidad. Tales son los objetivos.

El saber relativo a esta adecuación en el obrar sólo se consigue atendiendo a la práctica de las acciones humanas, esto es, siguiendo la línea de cómo se conducen los que llegan al éxito. La prudencia, según esa concepción, no es más que la decantación bien contrastada de la experiencia. «La prudencia no puede ser sin experimento», dice Celestina (página 57), en frase equivalente a la de aquellos pensadores que por entonces estaban abriendo nuevos caminos a la investigación de la naturaleza. Pármeno no se queda atrás: también él sabe que «el seso y la vista de las muchas cosas demuestran la experiencia» (pág. 46). Y ese saber empírico que, en su mundo en torno, a todos lleva hacia una línea de pragmatismo moral, le hará seguir a Pármeno la conducta que, como propia del tipo social de los criados celestinescos, hemos caracterizado: «¡El mundo es tal! Quiérome yr al hilo de la gente, pues a los traydores llaman discretos y a los fieles necios» (pág. 68). Su amarga experiencia con Calixto se lo ha revelado claramente, ese Calixto que no duda en dirigirle una mordaz ironía relativa a la primacía de lo espiritual sobre lo corporal (pág. 45). En una sociedad de arriba abajo imbuida de pragmatismo, no cabe otra cosa: «Ándate ay con tus consejos y amonestaciones fieles y darte han de palos» (pág. 207).

También en la *Comedia Eufrosina*, para explicar las razones de un comportamiento, se hace esta afirmación: «Isso he la polo moral; mas pela minha arte que he de esperiencia, curarvos ey» [18]. El arte de la experiencia, como distinto y aun contradictorio de la filosofía moral, se antepone a ésta con miras a la eficacia. Y ese pragmatismo

---

[18] Ed. del texto portugués y estudio de E. Asensio, Madrid, 1951, página 23.

arrincona, según la conciencia de la época, los valores morales o, por lo menos, se estima contemporáneamente que una conducta pragmática se aleja de ellos.

En Torres Naharro, con motivo de una sátira contra los «señores de hogaño», se encuentra también la crítica de una sociedad en la que, si sirve el bueno, sólo el ruin medra [19]. Y en la *Tercera Celestina* los buenos pierden y los malos ganan, y, ante tal resultado de la «experiencia», el que defiende un criterio moral riguroso se oye decir que sabe poco del mundo [20]. Saber del mundo es atenerse a la ocasión, para sacar eficazmente provecho y dominar las posibilidades que en la sociedad puedan ofrecérsele. Con este fin se sirve y se han de aplicar los medios a él conducentes. Así es cómo Celestina, con mueca de ironía, se presenta a Melibea: «no es otro mi oficio sino servir a los semejantes. Y desto bivo y desto me arreo» (pág. 96).

Como, al habérselas con los demás, cada uno necesita calcular su conducta, le es necesario, en el límite de lo posible, medir la repercusión de sus actos y palabras sobre los otros, a fin de conseguir con ellos el resultado que se desea. Y no hay más manera, de parte de quien con alguien se ha de relacionar, que la de atender al exterior de cada uno para conocer su interior —ese interior en el cual se ha de producir psicológicamente la reacción suscitada por lo que en relación con ese individuo hagamos. La secularización y tecnificación de la conducta lleva a interesarse por los problemas de la fisiognómica, lo que responde a un naturalismo inicial, a una larvada mecanización de la psicología humana. De ahí el papel de la fisiognómica en *La Celestina*, esa ciencia que tanto va a preocupar en la literatura moral de los comienzos de la Edad Moderna. «Por la

[19] *Propaladia*, I, págs. 29-30.
[20] Ed. cit., págs. 69 y 239.

filosomía (sic, por fisonomía) es conocida la virtud interior», dice Calixto (pág. 47). Y Celestina reconocerá también que «el ánimo es forçado descubrillo por estas exteriores señales» (pág. 105). Ello es necesario tenerlo en cuenta, porque, «como las qualidades de las personas son diversas, assi las melezinas hazen diversas sus operaciones
y diferentes» (pág. 142). La técnica de la conducta obliga
a no seguir siempre la misma línea, contra lo que podía
suponer la moral tradicional, atenta ésta a virtudes y valores objetivos y permanentes. Ahora no, ahora se busca un
fin práctico y aun materializado, y hay que contar con las
reacciones del ánimo contrario para alcanzar un resultado
favorable. También en la *Tercera Celestina*, que, como ya
dijimos, es la más próxima a la primera —a pesar de sus
diferencias y de su inferioridad—, aquel principio es fundamental: «por las exteriores obras y señales del cuerpo
venimos en conocimiento de las afecciones del alma»[21].

Si lo que se busca al obrar es obtener eficazmente un
resultado provechoso, y si a tal objeto hay que obrar de
acuerdo con las circunstancias de cada caso, será necesario,
en sustitución de patrones universales de conducta, indivi-
dualizar la acción del sujeto, en vista de que habrán de ser
también individuales las condiciones en que se pueda producir la reacción de aquel a quien la acción se dirige. Tal
es el único camino para alcanzar el individual provecho
que cada uno se propone al obrar. Pero de toda esta carga
de individualismo hemos de hacernos cuestión más detenidamente.

---

[21] Ed. cit., pág. 174.

VI

INDIVIDUALISMO Y SENTIMIENTO DE LIBERTAD

Partiendo de la situación de una sociedad, configurada por obra de una nueva clase ociosa, tratamos de sacar el hilo del sentido histórico de *La Celestina*. Nos encontramos en ella con la imagen de una clase cuyo dominio se basa en la riqueza, se despliega en ostentación, transforma el sistema de valoraciones vigentes en esa misma sociedad, hace entrar en crisis la moral de los grupos que la integran, suscita la protesta contra el «status» de cada uno de esos grupos, hace despertar nuevas apetencias que se apoyan, como veremos finalmente, en una concepción autónoma, secularizada, del orden de la naturaleza, lo que trae consigo el desarrollo de modos de comportamiento calculado y tecnificado ante las fuerzas naturales. Partiendo, pues, de un primer condicionamiento social intentamos explicar la compleja gama de aspectos que *La Celestina*, con excepcional riqueza, nos expone —y que nos expone a través de la representación de un drama humano—, arte en el que la maestría de Rojas será pocas veces igualada. Su significación va ligada, en último término, a toda una concepción del mundo y de la sociedad dentro de la cual cobra sentido lo que los personajes hacen y lo que les adviene —esto último, en virtud de un mecánico juego de causas segundas que ellos, con sus particulares acciones, desatan—. Ello nos remite, otra vez, al primer fundamento socio-histórico del drama. ¿Cómo actúan los personajes, cómo se mueven para desatar la acción de esas causas naturales que les ha de llevar a la catástrofe? Hemos de contestarnos a esta pregunta antes de tratar de hallar cuál es el sentido último de que esa catástrofe, efectivamente, caiga sobre ellos. Una última raíz tiene el modo de comportarse los personajes que pululan en el mundo social reflejado por Rojas: individualismo. Es un nombre que coincide en general con el que los historiadores han dado a la crisis de la modernidad, cuya primera fase se localiza en el siglo xv, aunque desde algún tiempo antes haya empezado a fermentar. Y las negras tintas con que Rojas pinta el cuadro de esa sociedad se corresponden con los aspectos turbios que la conciencia moral tradicional advirtió en el nuevo cariz que la vida de aquellas generaciones tomaba. Tal raíz habría de desarrollarse en la época del Renacimiento, bajo la forma de lo que Burckhardt llamaría el descubrimiento del individuo. En esa especie de aventura espiritual, una más entre tantas otras, que el hombre moderno y muy caracterizadamente el español de la época emprende, hay que estimar *La Celestina* como uno de sus más logrados episodios.

El distanciamiento, la desvinculación, el egoísmo sin medida con que actúa Calixto, son muestra bien clara de una posición individualista a ultranza: su egoísmo, dice María Rosa Lida, «condiciona a la vez su concepción de la realidad, su juicio ético y su conducta social»[1]. Él impone la lucha

---

[1] Lo que no encuentra suficiente explicación es llamar a Calixto, por eso, «soñador introspectivo». Su contenido lírico es más bien reducido y su capacidad de introspección nula.

«entre dos utilitarismos igualmente amorales». La filosofía heraclitiana de la vida como «contienda», que incidentalmente se formula en el prólogo de la obra, inspira, según
Gilman, todo el desarrollo de la misma, de manera que para
la comprensión de *La Celestina* es importante tener en cuenta la versión que del individualismo de la cultura renacentista dio Burckhardt[2].

No sería necesaria otra cosa más que recordar las motivaciones que en el proceder de cada uno hemos ido viendo
en páginas anteriores para comprender cómo, efectivamente, el individualismo mueve a cada uno de los personajes,
a Celestina, a los criados, a las «muchachas», a Pleberio,
porque, si bien en unos toma la forma de un egoísmo cruel
y en otros es capaz de alzarse a ciertas manifestaciones de
altruismo, es el yo individual de cada uno el que se pone
por delante. Pero ninguno de los personajes celestinescos
nos da expresión más cabal del individualismo que los arrastra que Areúsa —personaje, en cierta medida, montado con
procedimiento contrapuntístico frente a Calixto—. En Areúsa alcanza el individualismo de *La Celestina* todo su sentido crítico y dramático.

Areúsa actúa en forma ferozmente individualista y calculada. Su mismo desprecio por las opiniones del vulgo, de
lo que hace gala, se debe a que éste representa la sociedad
tradicional, contra la que aquélla se revuelve, contra cuyos
puntos de vista está siempre dispuesta a manifestarse[3]. A

---

[2] *The art of «La Celestina»*, pág. 152.

[3] «Éstas son conclusiones verdaderas: que cualquier cosa que el
vulgo piensa es vanidad; lo que fabla, falsedad; lo que reprueva, es
bondad; lo que aprueva, maldad», pág. 169. En el humanismo culto
hallamos testimonios semejantes: «no tiene interés para mí el pueblo,
al que siempre tuve en menos», dice Pedro Mártir, en carta de 1488.
Epistolario, trad. de López de Toro, Madrid, I, pág. 10 (y en pág. 14
repite: «del pueblo no me preocupo»). En el humanismo popular y

diferencia del sabio medieval que cree en la validez de la
«vox populi», el sabio humanista mantiene una estimación
adversa de toda opinión vulgar. Y ya que no por la partici-
pación en una misma cultura aristocrática, esa común oposición a los juicios del vulgo, en que coinciden el letrado
sabihondo y la ramera vulgar y sin letras, se explica por la
raíz individualista de una y otro, esto es, de un personaje,
tan autónomo en su propio yo como Areúsa, y de otro que
como el letrado humanista, tiene que basar en sí mismo y
en su obra personal la razón de su puesto en la sociedad.

Cuando el fanfarrón Centurio se muestra ufano de su
ascendencia y pierde el tiempo en mentir hechos valerosos,
con mordaz ironía y con el más libre desparpajo, Areúsa le
ataja: «No curemos de linaje ni fazañas viejas» (pág. 272).
A ella, como a quien anda, con las solas fuerzas de su individualidad, empeñada en dura contienda, lo que le importa es un trato rápido y eficaz. Y colocada en el estado de
aislamiento, de reducción a sus solas fuerzas, de necesidad
vital de triunfar en la lid que la opone a los demás, contando con sus solos recursos, Aerúsa pronuncia aquellas palabras famosas cuyo valor ha sido muy discutido, pero que
son fundamentales para el sentido del drama: «Las obras
hazen linaje, que al fin todos somos fijos de Adán y Eva.
Procure cada uno de ser bueno por sí y no vaya a buscar
en la nobleza de sus passados la virtud» (pág. 169).

Bataillon ha querido reducir la significación de estas
frases. Se niega a reconocer en ellas una declaración igua-

---

satírico, de inspiración lucianesca, en *El Crotalón*, leemos: «antes se
debe tener por muy bueno lo que el vulgo condena por malo», ed.
cit., pág. 53. Lo interesante es atender al hecho de quién es el personaje en boca del cual pone Rojas palabras similares. Ello nos ayuda
a comprender el papel complejo y relevante de Areúsa en la *Tragicomedia*.

litaria y libertadora y rechaza que con tales palabras Rojas haya querido expresar un espíritu de revuelta[4]. No se las puede dar, ciertamente, el alcance de todo un programa de revolución social[5]. Sin embargo, que tienen un sentido relacionado de manera directa e inmediata con la situación de la sociedad, tal como ésta se refleja en *La Celestina*, parece innegable y en ellas alienta el espíritu que se anuncia en el creciente individualismo de la vida renacentista. Las palabras de Areúsa no se ofrecen aisladas, no han sido dejadas caer, como un relleno retórico, en la obra. La idea que contienen se repite en varias ocasiones. Recordemos el pasaje en que Sempronio le advierte a Calixto que «la agena luz nunca te hará claro si la propia no tienes» (pág. 62), consejo que le dirige —así se da por supuesto en el diálogo— como manera de obligar a su joven señor a que se comporte de un modo determinado. Ello supone reconocer que tal tópico funciona en su tiempo con la fuerza de un eficaz resorte de acción personal. Pero es más, esa idea se engarza exactamente, con perfecto ajuste, en el contexto de la obra, en cuyo ámbito todos los personajes actúan por sus medios propios, orientados a sus personales aspiraciones, impulsados por sus intereses, no sólo privativos, sino contradictorios de los de los demás. Ajenos a toda conexión familiar, estatamental, colectiva, que pretenda valer por encima de su interés personal —la cual rechazan expresamente, cuando la posibilidad de la misma se les presenta—, los personajes de Rojas justifican en su propia e individual personalidad la razón de su obrar. Fijémonos especialmente, porque éste ha sido observado con menos atención que el caso de otros personajes, en el ejemplo tan completo que nos da Melibea: acepta no una ordenación social, sino una re-

---

[4] *Ob. cit.*, págs. 157-160.
[5] Repetimos aquí lo dicho en la nota 13 del capítulo anterior.

lación afectiva en el trato con sus padres, antepone su placer y felicidad, se desprende con la mayor facilidad de trabas ajenas y resuelve sus más críticas situaciones con el exclusivo recurso de su criterio personal. En su plano, su figura es equivalente a la de Areúsa (creo que tal vez el verdadero sentido del drama de Rojas es la contraposición de dos figuras femeninas, Melibea y Areúsa).

Esa actitud del individuo que sólo acepta apoyarse en su propio valor personal, desde mediados del xv por lo menos, tiende a hacerse tópica. Álvarez Gato protesta de que «ayamos de atribuir virtud o discreçión al favoreçido o al rico sy no la alcança y negalla al corrido y cuytado del pobre sy la tiene»[6]. Juan de Lucena afirma con todo rigor que «la nobleza nace de la virtud y no del vientre de la madre»[7]. Diego de Valera, a pesar de su preocupación por temas caballerescos, reduce la nobleza heredada a mera «presunción», que puede no confirmarse[8].

Y no se vaya a pensar, por el ejemplo de Rojas y de otros autores que acabamos de citar, que sea esa una actitud de conversos y nada más. De serlo, estaría en flagrante contradicción con el sentimiento semítico del linaje y con la fuerza con que se mantiene el lazo familiar hasta en los judíos de condición burguesa y capitalista, como hizo observar Sombart[9] Su presencia en los conversos se explica suficientemente por la situación histórica general en que se hallaban durante el crítico e inquieto siglo xv, y no por razones étnicas o religiosas. El dato hay que referirlo, efec-

---

[6] *Cancionero castellano del siglo XV*, I, pág. 244.
[7] Ed. de Bertini, ya cit., pág. 117.
[8] *Espejo de verdadera nobleza*, ed. cit., pág. 101.
[9] *Les juifs et la vie économique*, Paris (trad. francesa), 1923. El sentido de castidad matrimonial entre los judíos, de lo que Sombart da interesantes textos, es digno de tenerse en cuenta; ver págs. 302 siguientes.

tivamente, al despertar del individualismo, en el tiempo que
consideramos, y a la situación histórica en que tal hecho
se produce, y ello parece evidente, ya que coincide con toda
la evolución de la baja Edad Media, se articula con todo el
desarrollo burgués coetáneo y se encuentra en escritores
de la más variada procedencia, con tal de que respondan,
en franca conformidad, a las tendencias generales de la sociedad en que viven. Así se explica que el escritor que en
nuestro siglo xv llevó a cabo una de las creaciones más características del sentimiento individual de la personalidad,
Fernán Pérez de Guzmán —y con las palabras anteriores
aludimos a sus admirables biografías—, sea también uno
de los que, con más ahinco, sostuvieron la opinión a que
venimos refiriéndonos, opinión, según él, más consistente
y más certera que la de signo contrario:

> que do la virtud se muda
> non remane gentileza.

Pérez de Guzmán protesta contra aquel determinismo
social que antes señalamos, negándose a aceptar esa que
viene a ser como herencia recibida de la primera y vigorosa sociedad estamental: él asegura haber visto hijos de
rústicos, que, por la compañía de buenos, se han hecho su-
tiles y discretos, e hijos de grandes que han resultado tor-
pes y viles por andar con otros de esta condición [10]. Si en
el mundo social del siglo xv y del xvi se piensa oficialmente,
en virtud de las creencias de tipo conservador —creencias
que la clase dominante tratará de mantener—, que «es ane-
xo al ser rico el ser honrado», como, en coincidencia con
otros datos que más atrás recogimos, leemos en el *Quijote* [11],

---

[10] *Canc. cast. del siglo XV*, I, págs. 577 y 605.
[11] Comienzo del cap. LI de la primera parte, ed. conmemorativa
del IV centenario, Madrid, t. III, 1948, pág. 397.

es lo cierto que, en aguda tensión con este estamentalismo
conservador, irrumpe en ciertos sectores esa otra conciencia individualista que inspira un proceso de interiorización
de la virtud. Lo acabamos de ver en una serie de escritores
que postulan el principio del valor personal como única
base del mérito y del honor. Lo podríamos repetir sirviéndonos de otros muchos escritores, por ejemplo, de López
de Villalobos, para quien sólo la interna condición del hombre virtuoso debe contar y no las cosas que se tienen de fuera [12]. Y si Hernando del Pulgar nos pone en sus obras muy
claramente de relieve el mismo *ethos*, no olvidemos que en
sus páginas se halla la más hermosa fórmula tal vez en que
la expresión de ese sentimiento fue acuñada, siéndole atribuida
en ellas al ejemplar caballero Gómez Manrique: «Dios fizo
homes e no fizo linages» [13]. También en Gil Vicente, Don
Duardos, disfrazado de labrador y queriendo hacerse amar
por sí mismo y no por su posición social, proclama, contra
toda reserva estamental, la consabida doctrina de liberación de la persona:

> ... que el estado
> no es bienaventurado,
> que el precio está en la persona [14].

Lo extraordinario de Rojas es que ese pensamiento que
se había mantenido en las esferas de la aristocracia y de
los grupos distinguidos por la cultura, lo ponga en boca de
una ramera. Con ello se nos muestra la sociedad que él
nos revela, traspasada de ese nuevo e inquietante sentimiento. Producido en la clase alta, lo vemos proyectarse en los

---

[12] BAE, XXXVI, pág. 425.
[13] *Crónica de los Reyes Católicos*, ed. de J. Carriazo vol. I, Madrid,
1943, pág. 350.
[14] *Obras*, ed. cit., pág. 194.

estratos más bajos, con lo que cobra —y así aparece en labios de Areúsa— una particular virulencia. Convertido en lugar común y apropiado por la clase baja, ésta le imprime un movimiento de reversión. Si el poeta o el caballero lo utilizaron para afirmar orgullosamente que ellos podían ser tanto como el que más, la ramera y el rufián lo disparan rencorosamente para negar que los otros sean más que ellos. Y, en efecto, el conocimiento que poseen acerca de los apetitos, los desórdenes, las flaquezas, en una palabra, la falta de moral, en los señores cuyo trato practican y sufren, les hacen proclamar esa estimación igualadora.

Lo cierto es que de ese sentimiento, aparentemente negativo, surgió en las sociedades europeas un resultado que en la Historia se inscribe con un innegable signo positivo: la libertad moderna. La presencia de esta idea de libertad en *La Celestina* es clara y repetida y el papel que se le atribuye en el drama tiene verdadero relieve.

Los personajes celestinescos de los estratos inferiores quieren vivir, gozar, enriquecerse por su cuenta y para sí mismos. Su egoísmo es la energía que mueve su voluntad individualista [15]. Por eso detestan la servidumbre en que están, bajo unos señores cuya instalación en un «status» privilegiado no tiene, ante sus ojos, fundamento objetivo. Ello les empuja a querer librarse de su servicio, —no como

---

[15] El individualismo que se revela en las creaciones del arte y de la literatura está íntimamente emparentado con el individualismo, según el cual actúa el capitalista en esa nueva fase económica. Uno y otro se expresan en términos equivalentes, que hay que tener en cuenta recíprocamente para su comprensión. Esto ha sido observado muy atinadamente por un historiador de la economía —si bien los historiadores de la literatura no siempre han prestado la debida atención al fenómeno. (Ver J. Strieder, *Origin and evolution of early European capitalism*, en *Journal of Economics and Business History*, 1929, II, 1.)

clase social, claro está, pero sí, por lo menos, personalmente. Y a ese gesto, a primera vista negativo, de librarse de ajena dominación, se le llama libertad. El arranque, en nuestra literatura, de este nuevo sentimiento se encuentra, como en tantos otros casos, en el *Libro de Buen Amor*. En él nos dice el Arcipreste: «Libertad e soltura non es por oro comprada» (v. 206-a). Sólo que el risueño arcipreste, si gustaba de verse libre de dominio ajeno, si anhelaba gozar de «soltura», no había llegado a experimentar tan conscientemente el peso de la opresión social, ni reaccionaba contra ella con tanta violencia de sentimientos.

Aunque de escasa eficacia externa, una inconfundible tendencia a la autonomía social y moral de la persona actúa en ciertos sectores de *La Celestina*. Brota del mayor dinamismo de la sociedad de la época, por debajo de la costra tradicional que la cubre y que la cubrirá aún duramente siglos, y sólo en función de ese más alto índice de movilidad social de su tiempo se comprenden los objetivos que orientan el comportamiento de tales personajes. Sempronio dice bien claramente: «quien a otro sirve no es libre» (pág. 166). Areúsa da a sus palabras más enconada expresión: «Y qué duro nombre y qué grave y soberbio es señora contino en la boca» (pág. 173). Lo que ella desea es librarse como sea de relación con quienes le impongan su insoportable dominación social, encontrarse «con yguales a quien puedan tratar tú por tú... y otras cosas de ygualdad semejantes» (página 173). Y por eso formula en estos bien significativos términos su ideal de vida: «he querido más bivir en mi pequeña casa, exenta y señora» (pág. 175). Exenta, esto es, libre de sumisión ajena, lo que equivale, según nos dice, a ser señora —tal es para ella el principial contenido del grupo privilegiado—, y todo ello, en el ámbito de la propia casa, en un reducto de intimidad, acorde con lo que el nuevo es-

píritu individualista y burgués apetecía, sólo que aquí esa
creación social tan importante de la rica burguesía aparece
difundida ya en estratos muy alejados de ella, respondiendo a la interna fuerza de expansión que llevaba consigo.
Ese sentimiento de libertad como privación de la vida,
simbolizado en la apetencia por la propia casa —considerando a ésta como ámbito de exención de todo dominio
extraño— se había iniciado en los estratos elevados para
propagarse a otros intermedios, de hidalgos, ciudadanos y
ricos de nivel medio. A un personaje de estos grupos lo elogia Antonio de Guevara escribiéndole que «como hombre
cuerdo, me parece, señor, que habeis acordado de estaros
en vuestra casa, visitar vuestra tierra, gozar de vuestra hacienda, entender en vuestra vida y en el descargo de vuestra
conciencia» [16]. Pero este sentimiento que en Guevara se
muestra con tan inconfundible tinte aristocrático, en su
misma época ha empezado a difundirse en ambientes y grupos más bajos de la estratificación social, los cuales eran
ganados por el afán de libertad o independencia, a impulsos
de su recién despierto sentimiento de la vida individual. Es
así como el autor de *El Crotalón* dirá, dirigiendose a un zapatero, que lo necesario y lo conveniente para la vida, mejor que en los palacios de los señores a quienes se sirve,
«se hallará en vuestras chozas y propias casas, aunque pobres de tesoros, pero ricas por libertad» [17]. Casa y libertad
y existencia personalizada, van juntas: la primera es ámbito en que crecen y se desarrollan las otras.

El gusto por la casa, por la vida íntima, por el autónomo
ámbito de cada uno, que la pintura flamenca reflejaba, se
inició en las ciudades castellanas del siglo XV y del XVI y

---

[16] *Epistolas familiares*, Madrid, 1950-52; XIII, pág. 49.
[17] Ed. cit., pág. 264.

hubiera granado socialmente con mucha más fuerza si las alteraciones que en la vida española produjera la aventura singular de nuestros siglos xvi y xvii, no desviaran la evolución de nuestra sociedad.

De todas formas, el fenómeno es conocido y estimado, todavía mucho más tarde y ya bajo una nueva y rígida etapa señorial, entre nosotros. Lope, en *El Duque de Viseo*, exalta ese mundo de la vida privada y libre:

> ¡Dichoso el que vive y muere
> en su casa! Que en su casa
> hasta los pobres son reyes.

Zabaleta nos dice que «la casa bien dispuesta y bien alhajada es una de las prendas más dignas de estimación que le debemos a la fortuna». Dentro de ella se alcanzan comodidades del cuerpo, pero sobre todo, un retiro de intimidad que permite descansar de la brega exterior: «la soledad apacible de la buena habitación desenfada»[18]. Se comprende que, para cuantos pretendían dejar a salvo una zona de exención, de libertad individual, la casa fuera considerada, al modo que lo hacen ciertos personajes celestinescos, como el reducto cuya posesión había que alcanzar y defender.

Fijémonos en que tal es el paradigma de vida personal que Celestina presenta a los ojos de Pármeno para despertarlo de su letargo tradicional, de la inmóvil sumisión estamental que presenta en los primeros momentos y para, en cambio, avivar en él la fuerza del individualismo: por eso le pide que aprenda «a bivir por ti, a no andar por casas ajenas; lo qual siempre andarás mientras no supieres aprovechar de tu servicio» (pág. 132).

No servir es lo que anhela por encima de todo Areúsa; no servir es lo que busca lograr un día Sempronio; no ser-

---

[18] *Errores celebrados*, ed. M. de Riquer, Barcelona, 1954, pág. 27.

vir es lo que Celestina recomienda como meta a Pármeno. No soportar servidumbre es lo que pretendían, ya con su acción armada, los grupos más exaltados de los comuneros [19]. Contra los que prefieren servir a trabajar por cuenta propia, clama indignadamente, aun reconociendo que lo segundo pueda ser más duro, el autor de *El Crotalón:* «dices que por huir de la pobreza ternías por bien trocar tu libertad y nobleza de señor, en que agora estás, por la servidumbre y captiverio a que se someten los que viven de salario y merced de algún rico señor. Yo condeno este tu deseo y precisamente por el más errado y miserable que en el mundo hay... Ansí aborrezco acordarme de aquel tiempo que como siervo subjeté a señor mi libertad, que se me espeluzan los cabellos y me tiemblan los miembros» [20]. También aquí, en las palabras de *El Crotalón,* este sentimiento se proyecta sobre un individuo de bajo estado: se trata de la libertad de que goza un zapatero que trabaja en su casa y que no tiene que soportar a señor. Es el mismo esquema a que responden las ilusiones de los criados celestinescos.

A fines del xvi, López Pinciano pondrá como condición de una vida media, feliz, junto a la honesta suficiencia para mantener a la familia, la de verse «sin aver de servir a otro» [21].

Muchos años después, pero dentro todavía de un mismo ámbito de «modernidad», Gracián, en *El Criticón,* dirá: «la libertad, gran cosa aquello de no depender de voluntades ajenas» [22]. Y Juan de Zabaleta parece recoger todo este fon-

[19] Ver mi obra *Las Comunidades de Castilla* ya cit., cap. IV, páginas, 173 sigs.
[20] Ed. de A. Cortina, en Col. Austral, págs. 260 y 261.
[21] *Ob. cit.,* I, pág. 117.
[22] *El Criticón,* ed. Romera Navarro, Philadelphia, 1938, vol. I, página 392.

do de voluntad de autonomía, en frases realmente interesantes para caracterizar tal actitud. «Los criados, nos dice, no se diferencian de los esclavos más que en una cosa y es que el criado, para dejar a su amo, se va y el esclavo huye». Esas palabras parecen como una invitación a llegar, por parte de todo aquel que sirve a otro, a ese momento final que expresan, esto es, a escapar, como manera de demostrarse a sí mismo cada uno la diferencia entre uno y otro de aquellos dos estados y comprobar que no se ha caído en esclavitud. Fuera de ese momento extremo, todo es igual: «los ejercicios de un criado y de un esclavo se llaman de una manera: servir». Y ésa es la humillación máxima: el que no es criado de otro puede, llegado el caso, estimarse su igual, «por mucho que los diferencien los hados»; mientras que «solamente en los que sirven caben los abatimientos de brutos». Vivir a costa de otro, sirviendo a otro, quita la libertad [23].

El sentido real de estos textos viene corroborado por el P. Jerónimo Gracián, al pronunciar frenéticamente una condenación de tal fenómeno, que él estima contemplar en su tiempo: «Antes de ir adelante, nos dice, declaremos qué sea libertad de donde se dicen libertinos. Es la libertad de tres maneras: la primera, librarse y salir de la sujeción y obediencia de sus superiores, así eclesiásticos como seglares. La segunda, salir de la observancia de la ley y romper el yugo divino, diciendo: no serviré. La tercera, seguir su propio espíritu interior...» [24]. Es fácil advertir el estrecho parentesco entre esta actitud que el furibundo carmelita denunciaba en su tiempo, tanto en el terreno religioso como

---

[23] *Errores celebrados,* págs. 90 y 239.
[24] *Diez lamentaciones del miserable estado de los ateístas de nuestros tiempos,* ed. del P. Steggink, Madrid, 1959; pág. 143,

en el social —y éste es el que nos interesa— con los sentimientos que expresan los personajes de *La Celestina*.

Libertad no es, al modo estoico, un tranquilo estado interior de la persona, exento de pasiones, conseguible con
independencia de medios externos. Libertad tampoco es, en
términos de docta tradición ciceroniana, asumir volunta-
riamente una igual sujeción a las leyes. Libertad es no servir, lo que equivale a sostener que es, dicho con palabras
que ya hemos citado de Celestina, «vivir por sí» —lo que
la mentalidad de la época materializa en el sentido de vivir
en la propia casa—. Mas como esto no se puede conseguir
sin convenientes medios económicos y asegurándose una
determinada posición social, cuya única base está en la posesión de esos bienes —ya que todo lo demás es igual y común a la persona humana—, lo que hay que hacer es practicar un adecuado egoísmo. Vivir por sí —diríamos, juntan-
do a ésta otra expresión celestinesca— no es «sino bivir a
su ley» (pág. 53). Celestina enuncia supremamente en estas
palabras el principio de una sociedad individualista integrada por mónadas separadas radicalmente unas de otras,
movidas por la fuerza del egoísmo, orientadas a su propio
interés.

VII

LA IDEA DE FORTUNA Y LA VISIÓN MECÁNICA DEL MUNDO. EL PAPEL DE LA MAGIA

Esa acción práctica y eficaz que los personajes de *La Celestina* pretenden desenvolver en sus relaciones con los demás hombres y con las cosas, para ser llevada a cabo con una mínima confianza en la misma, esto es, con suficiente seguridad en sus resultados por parte del agente, necesita contar con una básica estructura encadenada de la sociedad y del mundo. Por lo menos, necesita creer en ella. Sólo así se puede descontar que ciertas causas producirán determinados efectos, supuesto necesario de toda acción pragmática, tecnificada. Hace falta que el agente piense que, para lograr el fin que busca, puede manejar las causas cuya acción tiene que desatar, contando con que tras ellas vendrá el efecto perseguido. Un esquema de actuación práctica de esta naturaleza supone, pues, en el sujeto de la misma, la sólida creencia en esa fundamental articulación encadenada de causas y efectos, como algo que rige necesariamente en su campo de acción, es decir, en el campo de las cosas humanas y naturales.

Ha visto muy bien E. R. Berndt que la preocupación por el encadenamiento del acontecer humano y, añadamos nosotros, natural, es constante y característica en el comportamiento de los personajes de *La Celestina* [1]. Desde esa posición, el problema para ellos está, ciertamente, en cómo acertar a insertar la voluntad del agente que quiere conseguir un resultado determinado en el juego de causas y efectos que rigen los hechos sociales y naturales.

Desde la fase de plenitud del hombre clásico se ha querido desentrañar la íntima relación de causalidad que mueve el acontecer histórico. En la posibilidad de llegar a desvelar ese interno nexo creía Tucídides, y por eso se puso a escribir su Historia. Pero, algunas generaciones después, esa creencia no era tan firme, y para nombrar de algún modo a aquellos saltos a los que, en el sucederse de los hechos humanos, no se les encontraba explicación causal, se formuló el concepto de *fortuna*. En Polibio, fortuna es «el eslabón extraviado de una cadena de causación». El cristianismo, apelando al orden divino providencial, restablecerá la continuidad. Para San Agustín, ese eslabón que aparentemente falta, ocasionando un salto en la cadena de las causas, está en su puesto, aunque no acertemos a verlo: «lo que llamamos fortuito no es más que aquello cuya razón y causa se ocultan a nuestra vista». Ciertos hechos nos son imprevisibles y como fuera de serie; pero no por eso podemos dar por sentada «la interferencia de una fuerza cósmica, arbitraria y errática». Ese aparente azar, «en realidad, como manifestación de la divina providencia, constituye una parte esencial de la necesidad de las cosas» [2]. No vamos a trazar

---

[1] E. R. Berndt, *Amor, Muerte y Fortuna en «La Celestina»*, Madrid. 1963, pág. 161.

[2] Ver Cochrane, *Cristianismo y cultura clásica*, México (trad. de J. Carner), 1949, págs. 460 a 466.

la historia del concepto de fortuna, pero sí necesitamos
tener presente el drama que vive el hombre a través de los
cambios en ese concepto, para acabar de entender el modo
de comportarse los personajes celestinescos.

«Necessitas rerum!». También el hombre medieval creía
en una ordenación del mundo, la cual permitía saber de an-
temano el efecto de determinadas acciones. Sólo que era
la suya la creencia en un orden racional-finalista: cada cosa se encamina a su fin, en la esfera moral y natural. Ese fin
no es otro que el que la razón sapiencial conoce y enuncia,
un fin inserto en el orden creado por Dios, en el cual cada
cosa tiende a lo que le señala su naturaleza. Se trata, en
consecuencia, de una última ordenación metafísica que está
por debajo de toda apariencia externa, en la que la sabiduría penetra.

Pero, en la baja Edad Media, la creencia en ese orden
objetivo y trascendente empieza a resquebrajarse. Con Duns
Scoto, la ley natural que rige los seres deja de ser función
de ese orden universal-racional y de las sanciones que acompañan su incumplimiento [3]. Fijándonos en las cosas humanas, no van éstas encaminadas a un orden objetivo y fijo,
basado en su justicia y razón. No se producen y mueven
según una norma racional y buena por sí misma. Y ante
la ruptura de aquella creencia, los hombres de profunda
religiosidad, como ese piadoso franciscano Duns Scoto, en
el estado de crisis que empieza a manifestarse, se esforzarán
por anclar la noción de un nuevo orden del universo, no ya
en la razón metafísica, sino en la pura voluntad de Dios:
existe un orden, y éste es bueno no por sí, objetivamente,
sino porque Dios lo quiere así y es su libre decreto el que
garantiza que unos efectos sigan a unas causas, de la misma

---

[3] Rohmer, *La finalité morale chez les théologiens de Saint Augus-
tin à Duns Scot*, Paris, 1939, pág. 308.

manera que hubiera podido disponer ese orden de otra manera y aun puede cambiarlo en cualquier momento. No es
un fin ínsito en la naturaleza de las cosas y al mismo tiempo
trascendente, lo que las mueve, sino la libre determinación
de la voluntad divina.

Pero, para hombres de religiosidad tal vez más laxa, se
produce la consecuencia de que el mundo aparezca como un
desconcierto, en el que los hechos surgen y desaparecen
unos tras otros, sin lazo ni sentido. A esa destacada y desordenada sucesión, sin finalidad racional, de los acaeci-
mientos humanos y naturales, se la llama, cada vez con más
generalizado uso del término, fortuna. Sin duda llegará más
tarde un momento en que los nuevos hombres de ciencia,
habiendo aprendido un método para medir matemáticamente las relaciones entre los hechos que se contemplan suce-
sivamente, descubran que hay un nexo entre ellos que hasta
la gran ciencia moderna no se había descubierto, formulable
en unas leyes que son enunciados matemáticos. Y se comprenderá entonces, por ejemplo, que el péndulo no se mueve para marcar el paso de las horas y señalar al hombre
que una de ellas le ha de matar, sino que se mueve por
unas leyes físicas que Galileo reducirá a una combinación
de guarismos. Pero ese momento queda todavía un tanto
alejado de la época que consideramos y hasta fines del siglo XVI no empezará a constituirse este tipo de pensamiento.
A través del drama humano que representa, en la crisis de
la modernidad, la idea de fortuna, en el fondo lo que se vive es el esfuerzo humano por descubrir un nuevo sistema
de conexión de los hechos que se producen en el universo,
esto es, un esfuerzo por encontrar respuesta a la inquietante pregunta de cómo y por qué razones unos hechos se su-
ceden a otros. Tal es el drama de las mentes, llenas de con-
fusión, que en *La Celestina* contemplan el sucederse de los

acontecimientos y se preocupan, como llevamos visto, acerca del posible encadenamiento entre ellos.

¿Es esa sucesión que hace depender unos hechos de otros, no otra cosa que puro azar, es decir, arbitrariedad de un universo sin gobierno fijo o, lo que es lo mismo, caprichosa manera de proceder de la fortuna? ¿O, por el contrario, hay un curso determinado y fijo que, debajo del aparente desconcierto que creemos contemplar, nos garantiza que, de algún modo, a unos hechos determinados han de seguir otros fijos y no cualesquiera? Parece que una creencia de este último género es necesaria para que el hombre, en su conducta, se esfuerce por articular su acción personal con la marcha del mundo, guiándola racionalmente, engranándola con esa cadena predeterminada del acontecer.

Todo comportamiento según un arte —en el sentido originario de la palabra—, o lo que es equivalente, según una técnica, parece reclamar una creencia básica del tipo de la que hemos enunciado en último lugar. ¿Cómo esforzarnos por conducirnos de una manera dada, y aprender a hacerlo así, si no estamos seguros de que al hacerlo podemos con seguridad dar por descontado que ciertos efectos se van a producir y que no nos vamos a encontrar con una imprevisible y azarosa pululación de consecuencias, con las cuales la fortuna a cada paso nos sorprenda? ¿Cómo, después de siglos de mentalidad escolástica, el hombre puede seguir deseando ser bueno, si ve que al final caen sobre el que así se comporta las más tristes consecuencias, mientras el malo se ve correspondido con toda suerte de bienes? Éste fue un serio problema que en el final de la Antigüedad romana y en el Renacimiento tuvieron que plantearse teólogos y moralistas. Vamos a ver cómo se desenvuelve este pensamiento sobre el orden natural y moral en el estado crítico de los personajes de *La Celestina*.

Pleberio, en la estupenda pieza literaria de su lamentación, testimonio bien característico de la tribulación de una mente ante la experiencia vivida del desorden del mundo, empieza por confesarnos que él creía en una ordenación racional-finalista de ese mundo: «que eras y eran tus hechos regidos por alguna orden» —un orden providente de fines (página 296). Pero como su voluntad individual no puede aceptar que el drama de su querida hija responda a una finalidad objetiva y justa en el orden de los seres, acaba planteándose desesperadamente la cuestión de si no habrá en el universo más que un loco arbitrario sucederse de los acontecimientos, en caprichoso sin-sentido imputable a la Fortuna: «Agora... me pareces un laberinto» —no hay hilo racional por donde sacar el revuelto y caótico ovillo que la Fortuna enreda.

No dejemos de tener en cuenta que la idea de fortuna es una de las más características del hombre moderno, en la primera fase de su historia: nos testimonia la vivencia del suelo movedizo en que ese hombre siente estar apoyado, hasta que más adelante logre su plena instalación en un mundo que llegará a convertirse a sus ojos en pura realidad física —situación que no se generaliza hasta el siglo XVIII—. Por eso no hay tema más difundido en los siglos XV a XVII que ese de la fortuna, ni que más se discuta ni que más se utilice, incluso por aquellos que, conservándose fieles a una visión religiosa tradicional del universo, al ocuparse de los hechos que contemplan, no pueden dejar de apelar a esa noción de arbitrariedad que la fortuna lleva consigo. El autor de la *Comedia Thebayda* la niega expresamente: «aunque la común gentilidad atribuya alguna fuerza y poder a la que llaman fortuna, afirmando las cosas del orbe mundano gobernarse mediante su providencia», lo cierto es que ni Sócrates, ni Platón, ni los verdaderamente sabios reconocen más que el poder divino de la causa primera[4]; y, sin embargo, más de una vez tiene que recurrir el autor a la misma idea de ese extraño y tornadizo poder. Más tarde, ya en el XVII, Juan de Zabaleta, como tantos otros, sostiene que «no hay más fortuna que Dios. Su providencia es lo que llamamos fortuna». Sólo el «cuidado de Dios» gobierna las cosas[5], a pesar de lo cual no puede dejar de remitirse al concepto de aquélla en más de un caso. Son cientos los ejemplos que podrían aducirse[6].

En la presentación del tema de la fortuna pueden observarse dos tendencias que se corresponden, aunque no de un modo riguroso, a dos fases cronológicas. Durante la primera se pone de manifiesto el único aspecto de fuerza incontrolable, ciega, caprichosa, que aquélla ofrece. Esto se ve en los escritores del XV, es la imagen que predomina en los poetas del Cancionero y, si tomamos el conocido ejemplo de Juan de Mena, tendremos caracterizada la fortuna por las notas de mudanza, discrepancia, inconstancia, destemplanza, desorden, enormidad. El título de *Laberinto* alude al espectáculo del mundo visto bajo esta idea, término del que hemos visto que Rojas se sirve también por boca de Pleberio en el pasaje de su lamentación que párrafos atrás hemos citado. En *La Celestina* hay más de una docena de referencias al tema de la fortuna que en su mayor parte proceden, como está definitivamente aclarado por los trabajos de Castro Guisasola, Gilman, Lida de Malkiel, Berndt, etc., del bien conocido tratado de Petrarca, *De remidiis utriusque fortunae*, difundido ampliamente en nuestro siglo XV y traducido más tarde.

---

[4] Ed. cit., pág. 12.
[5] *Ob. cit.*, págs. 211 y 212.
[6] Ver sobre el tema mi obra *La teoría española del Estado en el siglo XVII*, Madrid, 1944.

Esa fortuna, vista sobre un fondo estoico, está puesta «ad agonem». Lucha contra los hombres, los ensalza, los abate, los premia, los castiga. «¡Oh, fortuna, quanto y por quantas partes me has combatido!», exclama Calixto (página 233). Es con ellos próspera o adversa, y, en cualquier caso, cruel en sus modos, aunque en definitiva pueda obrar como conveniente acicate, ya que levanta el ánimo, cuyo esfuerzo puede vencerla (págs. 81 y 233). En general, esto es posible porque la fortuna no obra más que sobre cosas exteriores, por ejemplo sobre los bienes materiales. Es esta esfera la que le está particularmente sometida (pág. 32). «¡Oh fortuna variable, ministra y mayordomo de los temporales bienes!» (pág. 295). Pero ese poder es suficiente para que pueda afectar a algo tan ligado a la persona como es su estado. La fortuna nos trae a uno u otro estado (pág. 177). Y la conciencia de la época —y con ella la de los personajes de *La Celestina*— se queja de la inestabilidad que en ese plano ocasiona. «La fortuna es mudable» (pág. 291), como ya antes hemos visto también reconocido. Y dos personajes tan diferentes como Areúsa y Pleberio se lamentan de esas sus rápidas mutuaciones (pág. 250). En eso estriba su carácter principal: «Ley es de fortuna que ninguna cosa en un ser mucho tiempo permanece: su orden es mudanzas» (página 175). Es la común estimación del tema a fines del XV: «La fortuna que nunca para», dice el cronista Andrés Bernáldez[7]. Esta visión está condicionada por un doble espectáculo: primero, de una sociedad movible, dotada de un índice de dinamismo muy superior al de otras épocas, como acontece en la sociedad del siglo XV; y segundo, de una naturaleza en la cual la mente humana ha aprendido a ob-

---

[7] *Memorias del reinado de los Reyes Católicos*, ed. Gómez Moreno y Carriazo, Madrid, 1962, pág. 131.

servar su variedad y transformación. Con ello, la renovación
del tema de la fortuna se nos revela como fenómeno dependiente también de las condiciones histórico-sociales de una
nueva época.

Podemos observar en todo ello la eliminación de cualquiera referencia racional-finalista. La fortuna no es un movimiento hacia un fin inserto en una trascendente y metafísica ordenación. Es, sí, un movimiento, cuya velocidad se
reconoce en grado cada vez mayor, que se desenvuelve en
el acontecer humano y natural y cuyo orden puede estar,
precisamente, en esa pura movilidad suya. Y esta es la otra
línea de pensamiento que se va precisando poco a poco. La
fortuna no es puro azar. Su orden es mudanza. El movimiento del mundo cabe sospechar que sea un orden dinámico,
que pueda estar determinado, aunque no vaya orientado a
un fin, como también sucede, por ejemplo, con el movimiento de una máquina, movimiento que no se realiza, de suyo,
para fabricar un objeto —aunque a ello lo aplique el hombre—, sino porque el sistema de las fuerzas que en la máquina operan lo determina ciegamente de esa manera.

Son frecuentes, desde fines del xv, las imágenes de tipo
mecanicista para dar cuenta del movimiento del mundo. Éste es como una noria, dirá Pleberio (pág. 175). Unos años
antes de *La Celestina*, Juan de Lucena se servirá de la imagen del reloj: «el mundo, por çierto artifiçio como el relo-
gio, sin más tocarlo, se rota»[8]. Y recordemos que, según
Dilthey, la imagen del universo como un reloj es reveladora
del pensamiento naturalista y mecanicista que se va desarrollando e imponiendo en las mentes del Renacimiento[9]. Es
curioso advertir que Calixto, hallándose obligado, en su im-

---

[8] *De vida beata*, ed. cit., pág. 126.
[9] *Hombre y mundo en los siglos XVI y XVII*, trad. de E. Imaz.
México, 2.ª ed., 1947, pág. 43.

paciencia amorosa, a sujetarse a la marcha regulada del reloj, viendo en éste la imagen del mecanismo del cosmos,
medita: «no aprenden los cursos naturales a gobernarse sin
orden, que a todos es un igual curso, a todos un mesmo espacio para muerte y vida, un limitado término de los secre-
tos movimientos del alto firmamento celestial, de los pla-
netas y norte y de los crecimientos y mengua de la mens-
trua luna» (pág. 244). «Todo se rige, añade, por un curso
igual». Estamos, pues, ante un orden, que no se orienta a
fines racionales por sí mismo, pero que se produce según
un movimiento que a la mente corresponderá escrutar. Aquella recomendación para el comportamiento humano con que
antes nos encontramos, tan típica de la mentalidad de los
personajes de *La Celestina* —hay «que conoscer el tiempo
e usar el hombre de la oportunidad»— responde a esa idea:
hay que conocer, no la finalidad que una razón moral pudiera querer descubrir, sino el movimiento con que se su-
ceden las ocasiones para poder así el hombre, técnicamente, oportunamente, insertar su acción en el juego de las mismas. Unos años después de la *Tragicomedia* de Rojas es-
cribiría Maquiavelo que si la mitad de los hechos dependen
de la arbitrariedad de la fortuna, la otra mitad responden
a una intervención nuestra dirigida y calculada [10]. Era una manera de reconocer la posibilidad de articular la voluntad del
hombre, contando con una cierta estructura ordenada del
acontecer, en la aparente sucesión fortuita de los acontecimientos. Y no era otro el problema con el que radicalmente se enfrentaron los componentes del mundo social de *La
Celestina*, cada uno desde su puesto.

En un estadio inicialmente moderno y protocientífico como es el de las mentes del siglo xv se acude a la idea de

---

[10] *Il Principe*, ed. Classici Rizzoli, Roma, vol. II, pág. 89.

fortuna para ir introduciendo en ella una nueva concepción
del encadenamiento de los hechos, en tal medida que, si
esa su ordenación no parece responder a un evidente
nexo racional y moral, se pueda, no obstante, reconocer una
concatenación entre ellos. Siguiendo su inspiración en la
fuente senequista, grata al primer Humanismo, la renovación del tema de la fortuna lo hace aparecer como una idea
mundanizada, relativamente mecanizada, autónoma, proyec-
tada sobre el puro mundo natural de los hombres y las cosas, para explicar, mediante ella, el curso de los hechos, curso que tiene que estar motivado, aunque resulte difícilmente descifrable. Es el plano en que planteará el problema
Maquiavelo [11], cuyas obras, posteriores en muy pocos años
a *La Celestina*, dan un papel tan decisivo en la construcción
del mundo sublunar a esa fuerza, con la que tan sólo con
sabia, con hábil técnica de comportamiento, podemos ha-
bérnoslas. Meinecke ha expuesto en los siguientes términos
el problema de la razón maquiavélica: en una naturaleza
desdivinizada, el hombre tiene que obrar por sí mismo, sirviéndose de las fuerzas que la naturaleza le presta para dominar las potencias ciegas del mismo mundo natural, que
constituyen el dominio de la fortuna, y es necesario proceder con máxima inteligencia, con preciso espíritu de cálculo, porque cada golpe contra las fuerzas de la fortuna requiere un método racionalizado, una técnica adecuada [12].

Sólo una concepción así explica el sentido del drama que
viven los personajes de *La Celestina*. Sin inmediata ni necesaria relación con sus pecados, en el caso especialmente de
Calixto, se produce el puro hecho de su muerte [13]. Esto ha

[11] Véase todo el cap. XXV de *Il Principe*.
[12] *La idea de la razón de Estado en la Edad Moderna*, trad. española, Madrid, 1959, pág. 38.
[13] Sobre el carácter ordinario de esta muerte —dato muy significativo en el conjunto de nuestra interpretación— hay que tener

sido difícil de entender para algunos que, aun en nuestros días, se diría que parecen no reconocer válidas más que unas formas de pensamiento finalista. La muerte de Calixto se produce por causas meramente físicas que, sin duda, a primera vista, presentan un carácter fortuito, sin que se exprese en ellas la directa intervención de una Providencia que castigue ni la necesaria referencia a un fin que haya de cumplirse inexorablemente en el orden universal. Un planteamiento de este tipo en Rojas es posible tan sólo en virtud de la creencia moderna que da mayor relieve y autonomía a las causas segundas o naturales. Dios ha ordenado el mundo al crearlo, al modo como la marcha regular del reloj supone al relojero. Mas, una vez ordenado así, no hace falta una singular y directa intervención que trascienda del mundo natural, sino que la conservación del orden —en este caso, del orden moral que parece violado— se mantiene por la acción de las causas segundas. No hay una relación sustancial entre delito y castigo, pero sí una conexión fenoménica externa y visible. Estamos ante un anuncio, aunque un lejano anuncio nada más, algo así como una predisposición mental, de la idea de causalidad que alcanzará vigencia en el mundo moderno, a través de la crítica de David Hume.

---

en cuenta las circunstancias de la vida en las ciudades de la época para explicárselo. Hay un documento interesante a este respecto. Un mercader florentino al que antes hicimos referencia, Paolo da Certaldo, que podríamos considerar como un mercader de la generación de los padres de Calixto y Melibea, dejó escrita en su libro de consejos y recuerdos —*Libri di buoni costumi* (ed. cit., pág. 81)— esta advertencia: «Guardati di non andare fuori di casa tua di notte, se puoi fare altro; e se ti pur conviene ire, mena teco compagnia fidatà e uno buono e grande lume». Si Calixto hubiera tenido en cuenta un consejo así, en lugar de comportarse como un joven dispendioso, arriesgado y desordenado, según le correspondía, hubiera podido evitar su muerte. Es así como Rojas se atiene a supuestos naturales —luego hablaremos del valor de la magia en este sentido.

Ciertamente, sería impropio considerar que esas relaciones que ponen en conexión unos hechos con otros y garantizan la creencia en un curso ordenado de los mismos eran para Rojas o para cualquier escritor de fines del xv relaciones de tipo legal, formulables matemáticamente. Antes de llegar a tal solución, que no se encontrará hasta aproximadamente la época de Galileo, la mente renacentista pasa por una fase previa en la que, lejos de pensar en relaciones numéricas, cree más bien que la naturaleza es como una región de fuerzas ocultas, de cualidades secretas. Considera que unas extrañas fuerzas llevan su juego entre sí y que, para conseguir con ellas un resultado apetecido por una voluntad humana, que se salga del curso común y ordinario, hay que aprender a manejar aquellas fuerzas y poder obligarlas a cambiar su juego. Esa intervención no consiste en algo así como en descubrir un teorema para poder actuar sobre sus datos, sino en aprender fórmulas y combinaciones que mágicamente actúen sobre esas fuerzas elementales y hondas de la naturaleza y tengan poder para alterar su curso. Nos encontramos, como decía todavía del siglo xvi y en relación a la mentalidad rabelaisiana L. Febvre, ante «un mundo poblado de potencias invisibles, de fuerzas, de espíritus, de influencias, que nos rodean de todas partes, nos asaltan y regulan nuestra suerte»[14]. Lo que no tenía razón Febvre era en sostener que se estaba ante una concepción del mundo que por definición escapaba a toda idea de experiencia. La Historia de la ciencia nos ha hecho comprender hoy que no hay una noción única y absoluta de la experiencia y que, consiguientemente, no hay por qué reducir ésta a la forma específica que asumió en la etapa positivista del pensamiento científico[15]. A su manera, el siglo xv y

---

[14] *Le problème de l'incroyance au XVI.ᵉ siècle*, Paris, pág. 478.
[15] Lenoble, *Essai sur la notion d'expérience*, Paris, 1943.

el XVI se las entienden empíricamente— así se cree en la época— con ese fondo invisible de las fuerzas ocultas del mundo. A través de ciertos hechos externos, la mentalidad de los primeros siglos modernos considera que se le revela ese fondo secreto, que éste se le convierte en objeto de experiencia, y está segura de poder actuar sobre aquellos hechos, por medio de otros objetos sensibles, como hace el químico en el laboratorio. Tal es el sentido de la magia.

Se comprenderá fácilmente, desde los supuestos que acabamos de exponer, toda la importancia que el tema de la magia presenta en el mundo social de *La Celestina*. La creencia en la hechicería es consecuencia de una concepción de la naturaleza vista como un mundo de fuerzas invisibles, pero definidas, que tiene su articulación propia, en el interior de la cual la hechicera puede operar, sabiendo, como ella sabe, lo que hay que hacer para cambiar su movimiento. Esa visión de la naturaleza es perfectamente compatible y aun depende estrechamente del espíritu de dominio del mundo natural que inspira al hombre renacentista. Y en tal sentido la magia es un arte que se estima a sí mismo sabiamente adquirido para combinar fuerzas naturales con vistas a la obtención de ciertos resultados previstos. Se da en ella un afán cuasicientífico de manipular esos elementos naturales para dominarlos y encauzarlos a un objetivo determinado.

Cassirer ha presentado la magia renacentista como una primera y confusa etapa de la ciencia moderna, que no por eso deja de ser una etapa con signo positivo en la evolución de la ciencia. La *Apología* de Pico de la Mirandola, que hace de la magia el saber verdadero y total de la naturaleza, representa muy bien el sentido de la época, la nueva concepción que la magia significa. «Lo que señala y establece la dirección y meta de la actividad mágica no es, por cierto, la intervención violenta de potencias demoníacas, sino la observación del curso del acontecer mismo y de la regla que implica ese acontecer» [16].

Hay toda una amplia y repetida discusión, desde el siglo XV al XVII, sobre magia verdadera y falsa, sobre falsas o verdaderas alquimia y astrología. Alienta, en el fondo de la cuestión, el anhelo del hombre renacentista por encontrar el camino que le lleve a un conocimiento empírico de la naturaleza para dominarla. De la necesidad de «experimentos» habla Celestina en frase que ya citamos. *Libro degli experimenti* se llama una de las más famosas compilaciones de prácticas mágicas. La magia puede abrir al hombre el imperio sobre la naturaleza: potencia dominadora sobre las fuerzas de ésta y potencia reformadora de los hombres por medio de su saber, convergen en el desarrollo de la magia, ha escrito E. Garin [17]. He aquí cómo Giordano Bruno define el mago: «magus significat hominem sapientem cum virtute agendi». A través de su conocimiento de hechos y propiedades naturales, la magia llamada entonces verdadera le entrega al hombre, siguiendo un camino que la mente de la época considera perfectamente experimental, la posibilidad de arrancar a la naturaleza la producción de ciertos fenómenos, fuera del curso ordinario y según la voluntad humana los desea. Para ello basta sólo con que esa voluntad empiece por plegarse a las exigencias que para tales resultados reclama la naturaleza misma. Y esa manera de magia, dirá Antonio de Torquemada, «es natural y se puede obrar con cosas que naturalmente tienen virtud y propiedad de

---

[16] *Individuo y cosmos en la filosofía del Renacimiento*, trad. española, Buenos Aires, 1951, pág. 190.
[17] *Magia e Astrologia nel Rinascimento* y *Considerazioni sulla magia*, en el vol. *Medioevo e Rinascimento*, Bari, 1954, las citas en páginas, 152 y 176.

hacer y obrar aquello que se pretende, así por virtud de hierbas y plantas como por constelaciones e influencias celestiales» [18].

Creo, en consecuencia, que la presencia del elemento mágico en *La Celestina* responde a algo más que a razones literarias y ornamentales, contra lo que todavía recientemente se ha dicho. La magia es la gran ciencia en el primer Renacimiento y va ligada, como muy claramente puede explicarse, a los supuestos últimos del mismo. El Arcipreste de Talavera señalaba en su tiempo, como un fenómeno social nuevo, el de la difusión mayor que cada día alcanzaban ciertas prácticas de hechicería [19]. La figura de la hechicera celestinesca, cuyos rasgos coinciden con los de una persona real que Talavera nos dice haber conocido en Barcelona, es frecuente en nuestros siglos xv y xvi y es en ellos típico producto renacentista, de procedencia clásica e italiana, según los datos recogidos por Caro Baroja [20].

De acuerdo con este tipo, Celestina es maga o hechicera, a la manera de la ulterior definición que nos darán las palabras antes citadas de Giordano Bruno; pero no es bruja. Hay que distinguir entre la Brujería, como un culto demoníaco, de carácter colectivo y sobrenatural, y la Hechicería, consistente generalmente en la manipulación de una serie de cosas que se supone ejercen una acción sobre las fuerzas ocultas que se hallan en la Naturaleza. Observemos que cuando el Arcipreste de Talavera habla de los males de las hechiceras —que, a la vez, son alcahuetas— no se refiere a pactos infernales y ritos diabólicos, sino a los males positivos que producen en el mundo social y natural.

---

[18] *Jardín de flores curiosas*, Lérida, 1573, folio 135.
[19] Ed. cit., págs. 127-128.
[20] *La magia en Castilla durante los siglos XVI y XVII*, en el vol. del autor, *Algunos mitos españoles*, Madrid, 1941, págs. 183 sigs.

Si las brujas responden a una creencia que se desarrolló
en los países occidentales, durante la segunda parte de la
Edad Media, la hechicera, que había tenido un origen «antiguo», adquirió gran auge durante el Renacimiento, quizá
como una influencia clásica más. Muchos, en ese tiempo, se
negaron a admitir la real existencia de brujas —de sus reu-
niones sabáticas, sus vuelos nocturnos, sus cópulas con el
demonio, etc.—, pero nadie dejó de prestar aquiesciencia al
poder de los hechizos. No era éste producto de misteriosas
iniciaciones satánicas, sino de un aprendido arte, algo así
como de una técnica, según llevamos dicho, en el manejo de
ciertos recursos, entre los cuales podía entrar el diablo como un agente subordinado. Es esto lo que en el Renacimiento se difunde, según fue ya estudiado por Buckhardt. «La
hechicera italiana —escribió éste, terminando su caracterización— ejerce un oficio, quiere ganar dinero, y es necesario que, ante todo, tenga sangre fría y espíritu reflexivo».
Estas palabras parecen trazar la imagen de Celestina. Y a
ellas ha referido Caro Baroja, efectivamente, el tipo celestinesco [21].

Como esa hechicera italiana y con no menor sentido pragmático y calculado en lo que se refiere al fundamento y finalidad de su profesión, Celestina presenta su oficio como
una ocupación técnica y económica, perfectamente definida:
«¿Qué pensavas Sempronio? ¿Avíame de mantener del vien-
to? ¿Heredé otra herencia? ¿Tengo otra casa o viña? ?Co-
nósceme otra hacienda más deste oficio de que como y bevo,
de que visto y calço?» (pág. 72). Por este oficio, a Celestina
se la llama hechicera, y vemos que, en efecto, practica la
magia. Pármeno hace, en cierto pasaje, una enumeración de
los medios de que aquélla se vale (págs. 42-43). Son medios

---

[21] *Las brujas y su mundo*, ya cit., págs. 149 sigs.

naturales, a los que todos, en ese tiempo, atribuyen una positiva y real influencia, comprobada empíricamente, para lograr ciertos efectos sobre la naturaleza. El mismo diablo, al que para materializarlo o naturalizarlo más Celestina llama Plutón, entra como un elemento calculable en su juego (página 77). El proceder de Celestina no consiste en desplegar un conjunto de ritos de una monstruosa religión satánica, tal como, en cambio, consideraban la brujería alucinadas mentes inquisitoriales, sino que practica un arte al que pudiéramos llamar fisicoquímico, aunque realice sus operaciones empleando el catalizador de potencias infernales, con cuya acción sobre la tierra hay que contar naturalmente. Celestina no participa en aquelarres, ni se entrega a transportes histéricos, sino que trabaja como en laboratorio y emplea plantas y otros objetos que pueden tener propiedades reales, que se creía entonces que las poseían, y de los que un análisis ulterior positivo demostrará tal vez que no las tienen, pero que de alguna manera pueden provocar trastornos y aparentar efectos fuera de lo ordinario [22]. Caro Baroja recoge la experiencia que cuenta de sí mismo el doctor Laguna, el cual, ciertamente, no creía en brujas, pero no dejaba de reconocer que determinados efectos positivos se podían conseguir con los objetos empleados por las hechiceras. Laguna aplicó a una paciente el ungüento que guardaba una mujer acusada de tal y comprobó que tenía propiedades narcóticas, produciendo visiones extrañas.

Se comprende fácilmente, después de lo que llevamos dicho, el grado de secularización y mundanización que la visión de la naturaleza, implícita en la práctica renacentista

---

[22] Este aspecto ha sido estudiado por Laza Palacios, *El laboratorio de Celestina*, Málaga, 1958, y por Martí Ibáñez, *The medico-pharmaceutical arts of «La Celestina»*, International record of Medicine and General Practice Clinics, New York, 1956.

y celestinesca de la hechicería, representa. Ello coincide con las mismas características que hemos señalado en la vida moral y social de los personajes de la *Tragicomedia* de Rojas y confirma una vez más la admirable armazón interna de la obra, fiel imagen de una sociedad de cuyas transformaciones coetáneas deriva, en todas sus partes, el drama que Rojas quiso poner de manifiesto ante las conciencias de la época.

VIII

MUNDANIZACIÓN Y SECULARIZACIÓN: EL PLACER DE LA VIDA, LA DOCTRINA DEL AMOR, LA EXPERIENCIA DE LA MUERTE

Celestina dirige a Melibea estas palabras: «el vivir es dulce» (pág. 86). La frase coincide casi textualmente con otra de León Battista Alberti, en la que Chabod quería ver la expresión del nuevo espíritu del Renacimiento: «questa dolcezza del vivere» [1]. El puro y simple vivir, como un goce y un valor por sí mismo apetecible, está reconocido, en sus internas relaciones, por los personajes de *La Celestina*, como base de sus ideas sobre el mundo social. Melibea estima que es deseable la juventud «siquiera por bivir más» (pág. 88). Sempronio huelga de la vida, porque ella es de suyo un bien, ya que en ella se dan todos los placeres, por cuya razón hay que conservarla por encima de todo (pág. 25).

La incitación a los placeres de la vida, en forma y medida comparable tan sólo a ciertos documentos renacentistas, a cuya línea corresponde *La Celestina*, es en ésta un recurso general: es lo que se propone a Melibea; a lo que aspira Ca-

---

[1] *Della famiglia*, en *Opere Volgari*, t. II, Florencia, 1844, pág. 24.

lixto; lo que dice poseer Sempronio; lo que se ofrece a Pármeno; lo que se pide a Areúsa —gozar de la mocedad, gozar y hacer gozar del frescor de la juventud (págs. 133, 141, etcétera)—. Los jóvenes, dice Celestina a Pármeno, deben gozar de «todo linaje de placer» (pág. 55). Placer mundanizado, ataviado, socialmente comunicado, porque en ello está el deleite —«que lo al mejor lo hazen los asnos en el prado» (pág. 57)—. Placer como fiesta, en que la vida se expande y se entra en grato comercio con los demás.

El principio de universalidad del amor y del placer es base de la «concepción del mundo» en que se apoya la acción de estos personajes. La «dulçura del soberano deleyte» les empuja (pág. 49). Si Elicia prefiere su placer «a quanto tesor ay en Venecia» (pág. 150), Melibea, entregada definitivamente al amor, exclama: «¿Quién es el que me ha de quitar mi gloria? ¿Quién apartarme de mis plazeres?... Déxenme gozar mi mocedad alegre, si quieren gozar su vejez cansada» (páginas, 257-8).

El cardenal Eneas Silvio, en su novela de amor *Eurialo y Lucrecia* enuncia el principio animador de esta sociedad: «la naturaleza allá es donde cada uno bive a su plazer» [2]. Y si para el fundamental aristotelismo de aquellas mentes, naturaleza es el fin de una cosa, quiere decirse que el fin es el placer. Efectivamente, esto es lo que reconoce otro famoso humanista, Lorenzo Valla, en su *Tratado del placer:* «No se goza para algún otro fin, sino que el goce es el fin último». Ello es algo que pertenece al orden natural: «esto obró la natura, dice Celestina, y la natura ordenóla Dios y Dios no hizo cosa mala» (pág. 100). Estas palabras son traducción casi literal de otras de San Jerónimo: «Bonus est

---

[2] *Eurialo y Lucrecia*, pub. por M. Pelayo, en sus *Orígenes de la novela, NBAE*, t. IV, vcr pág. 166.

Deus, et omnia quae bonus fecit bona sint necesse est»[3]. No deja de ser interesante la utilización de este texto para un caso tan opuesto a aquel que lo motivó. Esta violenta oposición acentúa más la extremada entrega al goce de la vida por parte de los personajes celestinescos. Y el grado de secularización en que se encuentran. Tal, es, en su base, aquel «déreglement des critères moraux» que pinta Rojas en *La Celestina*, según Bataillon[4]. Y tal es el espectáculo de locura que ofrece, según advertía, coetáneamente, Commines, esa tropa de ignorantes entregada al desorden moral que el placer trae consigo, «faute de sens et de foy», dos cosas éstas —fe y sentido razonable— que en Calixto y en los personajes de *La Celestina* sufren, efectivamente, un fuerte eclipse, arrastradas por un desmesurado hedonismo. Es tal el desarreglo de la época en este aspecto, que la tendencia a borrar u olvidar el carácter pecaminoso del placer —según la concepción tradicional— viene generalmente de una actitud de mundanización renacentista, pero puede darse también, a través de un retorcido camino, en estados de espiritualismo exacerbado y herético, como es el caso de ese movimiento de los bigardos a los que el Arcipreste de Talavera hace referencia[5].

El amor como sentimiento humano tiene una historia social. Como todos los sentimientos, se presenta bajo modos que están condicionados por la situación histórica de la sociedad en que se dan. Hay, ciertamente, en *La Celestina* ecos de una concepción objetiva del amor, según la doctrina escolástica, entendiendo el amor como un orden natural en que cada ser busca su plenitud, su reposo en el puesto que

---

[3] *Epist. ad Paulam, de morte Blesillae*, XXXIX, 2, ed. de Les Belles Lettres, Paris, vol. II, pág. 74.
[4] *Ob. cit.*, pág. 191.
[5] Ed. de M. Penna, ya cit., pág. 142.

la naturaleza le tiene asignado. Cuando Sempronio encuentra
natural que Calixto y Melibea, siendo nobles, se junten y
amen por razón de su linaje (pág. 169), tenemos un ejemplo concreto de esa doctrina objetiva y finalista. Hay también en el texto de la obra reminiscencias verbales, aunque
escasas, del amor cortés, utilizando la imagen de la sumisión
feudal para definir la relación entre amante y amada. Es él
caso del conocido pasaje en que Calixto confiesa, «Melibea
es mi señora, Melibea es mi Dios, Melibea es mi vida: yo
su cautivo, yo su siervo» (pág. 197). Algún otro pasaje insiste
en conceptos análogos (pág. 127), aunque es claro que las
líneas que acabamos de citar contienen mucho más, junto
a una fórmula de amor cortés.

Pero durante los siglos de la baja Edad Media se está
desarrollando una nueva doctrina del amor que viene del
fondo místico del Pseudo-Dionisio y a la que Rousselot, que
la ha estudiado, le ha dado el nombre, tomado de un pasaje
de aquél, de doctrina del amor «extático». Esa nueva manera de sentir considera que el amor lanza al sujeto fuera
de sí mismo para desordenarlo y enajenarlo, al contrario
de lo que sucedía con la doctrina helénico-tomista que veía
en aquél el impulso natural del ser hacia su propio fin, hacia la plenitud de su naturaleza. Este otro nuevo amor, como
ha dicho Rousselot, siguiendo las fuentes en que lo estudia,
es extremadamente libre, porque no tiene más razón que él
mismo, separándose de toda inclinación natural, y es a la
vez extremadamente violento, porque, negando el fin natural, impulsa al sujeto a la negación de sí mismo[6]. Esta
doctrina del amor viene, ciertamente, de fuentes religiosas[7],

[6] *Pour l'histoire du problème de l'amour au Moyen Âge*, Paris,
1933, págs. 56 sigs.

[7] Ésta es la razón de que en las palabras de Calixto se conse-
ven restos inanimados de expresiones de amor a lo divino, lo que nada
tiene que ver con motivaciones peculiarmente hispánicas.

se origina como un modo de amor divino y se debe al desarrollo de aspectos psicológicos del amor en los que victorinos, cistercienses y franciscanos profundizaron en pleno Medievo. «Amor languor est et infirmi animi passio» escribía ya un severo teólogo de la época. El amor es debilidad, dolencia, una pasión que hace enfermar el ánimo. Esta nueva forma de sentimiento se seculariza y propaga desde el siglo XIV y se impone cada vez más en el campo del amor humano y profano. El amor como dolor, llaga, enfermedad, locura, fuego: todos estos aspectos se encuentran en Boccaccio y se difunden en la poesía de los cancioneros castellanos del siglo XV, según ha visto muy bien E. R. Berndt[8]. Recordemos el verso de Jorge Manrique: el amor «es placer en que hay dolores»[9]. Esta estimación bivalente del amor no cabe duda de que se enraiza en una experiencia más individualizada y concreta de la realidad del sentimiento. Pero es una corriente que procede, insistamos en ello, de la doctrina del amor divino en el XIII, transformada a través de un proceso de secularización y mundanización que se da en todos los campos de la cultura.

Calixto se presenta a sí mismo, en su estado de enamoramiento, como destemplado, discorde, fuera de sí, como alguien para quien se ha roto toda armonía (pág. 39). El amor le trae pensamientos tristes, le entrega a la contemplación de su propia llaga y, en la soledad de su habitación, le vemos que, como enfermo, quiere estar con las ventanas cerradas (aucto I). «Calixto —dice la señorita Berndt— presenta su amor como un sufrimiento, como un mal, como

[8] *Ob. cit.*, págs. 27 sigs. —la autora no hace referencia al origen histórico del problema que aquí señalamos.
[9] Pedro Salinas, en *Jorge Manrique o tradición y originalidad*, Buenos Aires, 1947, estudia el tema en su aspecto literario, ver páginas, 13 sigs.

también lo hacían los poetas del Cancionero». Es su sentir «un secreto dolor», un «esquivo tormento», una «pena grande». Se trata de una versión general del sentimiento amoroso que pone en primera línea las penas que acarrea, aunque se reconozca en él lo que tiene de atractivo. Celestina se lo define en estos términos a Melibea: «es un fuego escondido, una agradable llaga, un sabroso veneno, una dulce amargura, una deleytable dolencia, un alegre tormento, una dulce y fiera herida, una blanda muerte» (pág. 189). Siguiendo esta caracterización, también en la *Comedia Selvagia* el amor se reconoce como herida y enfermedad [10] y en la *Comedia Thebayda* se dice que el amor «es una compostura de males dirigida contra el corazón y una fuerza que fuerza las potencias de la libertad y franco albedrío, ligando juntamente las fuerzas y poder de la razón» [11]. También a la *Comedia Eufrosina* le es conocida la noción del amor como dolorosa herida.

Pero, además, si la concepción escolástica y aristotélica del amor consideraba a éste como una energía que impulsaba a los seres al centro de su propio fin y plenitud, esta otra nueva concepción ve en aquel sentimiento precisamente lo contrario, una invencible fuerza que los altera y extraña de sí mismos, de su orden natural, dejando a quien lo sufre como totalmente alienado. Así se expresa Jorge Manrique:

yo soy el que por amaros
estoy, desde os conocí,
sin Dios y sin vos y mí.

Extrañamiento, enajenación, que forzosamente engendran dolor: pero solo resulta así, si se considera desde una posi-

[10] Ed. cit., Madrid, 1873.
[11] Ed. cit., pág. 29. En esta misma se llama al amor «triste herida», ver pág. 201.

ción tradicional. El amor saca al hombre de su puesto en ese orden impersonal, cósmico, según el cual la mente escolástica concebía el universo. Pero, al hacerlo así, lo libera de ese frío y abstracto «ordo» para permitirle penetrar en su intransferible y lírico interior. Pero eso, comentando los versos amatorios de Jorge Manrique, escribía Salinas: «todo, amor y dolor, firmeza y tristeza, está convertido al fin común de empinar al ser humano a lo sumo de su capacidad vital, de distinguirle entre los demás» [12].

Claro que para los que seguían viendo al mundo como un orden, al individuo como una pieza inserta en el mismo, a la moral como el sistema de relaciones en él vigente y a la razón como el principio ordenador del conjunto, esa pasión individualista, fuera de su quicio natural, a que se entregaba el amante, según el modo personalísimo que se experimenta en la sociedad de *La Celestina*, era un atentado contra el sistema de fines y valores al que, escolásticamente, se daba el nombre de naturaleza. Equivalía, en fin de cuentas, a la rebeldía de la voluntad contra la razón, que venía a constituir, en la doctrina de los moralistas, la raíz de todos los males.

Junto al desarreglo psicológico que produce en las conciencias, ya que quien sufre el amor «tiene dentro del pecho aguijones, paz, guerra, tregua, amor, enemistad, injurias, pecados, sospechas, todo a una causa», como le acontece a Calixto (pág. 26), hay que añadir el grave desorden moral que desata, porque con él la voluntad no obedece a la razón. Esto, que se nos dice en *La Celestina* y se repite en la *Comedia Thebayda*, como llevamos visto, nos remite a aquella profunda raíz de la crisis social del xv que páginas atrás

---

[12] *Ob. cit.*, pág. 23.

consideramos. De individuos en tan grave estado de desconcierto psicológico y moral no puede seguirse más que una
sociedad no menos desacorde. Por eso, el Arcipreste de Talavera, ante el desordenado amor que prendía en las almas,
juzgaba que el mundo venía en decaimiento y que se encontraba críticamente «mal aparejado». El amor, según el
Arcipreste, ocasiona más muertes que la guerra y es la mayor destrucción de las haciendas de los ricos[13]. Y aún lo
peor es que aniquila el propio ser, abrasándolo en una entrega al ser amado que niega todo el orden natural. Recordemos el diálogo de Calixto y su criado:

> —¿Tú no eres chistriano?
> —¿Yo? Melibeo soy, y a Melibea adoro, y en Melibea creo y a
> Melibea amo (pág. 28).

Los ecos, claros y bien distintos, de la doctrina subjeti-
va del amor, desde su procedencia religiosa, a través de su
secularización y de sus consecuencias sobre el orden moral
de la persona, explican estas frases de Calixto que son muy
semejantes a otras muchas de la época —y ante las cuales
tenemos que reconocer que es un tanto ingenuo y banal acudir a la explicación de la pretendida tibieza en la fe que se
da por supuesta en un autor converso, tibieza que cabe se
dé íntimamente en su conciencia, pero que no es fácil pu-
blique en reiteradas manifestaciones externas.

Algunas generaciones después, cuando este pre-roman-
ticismo del amor doliente y desordenado se haya difundido
y a la vez haya perdido su virulenta peligrosidad moral y
social, por su trivialización, Lope, en *Porfiando vence amor*,
nos dará una clara y tópica enunciación de la doctrina:

---

[13] Ed. cit., pág. 26.

No hay cosa más atrevida
que amor; ni estima la vida,
ni escucha al entendimiento,
ni permite a la razón
el feudo del señorío,
ni el imperio al albedrío.
Tales sus efectos son.

Este amor que tan adecuado vehículo se juzgaría ser,
en principio, para llegar a una exaltación, en su plenitud,
del placer de amar y de la entrega a la vida y sus deleites,
resulta que, mordiéndose la cola a sí mismo, viene a exal-
tar de tal manera el goce amoroso que a su renuncia prefiere la muerte. En la novela de Eneas Silvio dice la amante: «ninguna cosa espanta a quien no teme morir» [14]. Tal
es también la actitud de Calixto y la de Melibea; tal, igualmente, la de Lisandro y Roselia, en la *Tercera Celestina*, etcétera. Amor y muerte son los dos extremos de una desme-
dida sensualidad que presta al tema del amor, durante el
siglo xv, un desarrollo literario incomparable, según una
veta que no es la del amor platónico, sino la del amor carnal, no menos característico del Renacimiento, la cual inspira obras del tipo de *La Lozana andaluza*, o del tipo de las
abundantes novelas del género celestinesco y aun de múltiples episodios de las mismas novelas caballerescas.

La misoginia, cuya tradición llega al Renacimiento y que
procede de fuentes clásicas, encuentra en esa concepción
del amor pretexto para acentuar la crítica de la mujer. Es
fácil relacionar la doctrina aristotélica de la mujer que expone Sempronio con las declaraciones de misoginia que el
autor pone en boca suya, haciéndole utilizar los consabidos
«exempla» de la literatura didáctica medieval sobre las tre-

---

[14] Ed. cit., pág. 107.

tas de las mujeres y el engaño con que fueron capaces de
burlarse de héroes y sabios (págs. 31-32). En el ánimo, su-
puestamente débil y mal inclinado de la mujer, ese amor
como enfermedad, como «languor», tenía que prender con
especial violencia. «Las mujeres, quando locamente aman,
con sola muerte se pueden atajar sus encendimientos»: así
se dice en la novela *Eurialo y Lucrecia*. Ése es el destino de
Melibea y el destino que, como instrumento del desorden
del amor, hará sufrir a Calixto. ¿Por qué en *La Celestina* no
se habla de matrimonio? Ésta es una cuestión que se han
planteado muchos. En algunos casos se ha acudido a la pin-
toresca solución racista de considerar que un obstáculo de
judaísmo se interponía entre los amantes, sin advertir que
en la primera mitad del XVI es frecuente en la realidad de
la vida española el casamiento de hidalgo con joven heredera de ricos conversos. Hay en esa eliminación de la posibilidad del casamiento, en el curso de *La Celestina*, una remi-
niscencia seguramente de la doctrina del amor cortés, de
la que Rojas se sirve para su propio objeto. No era éste un
aspecto banal o secundario en la literatura «cortés» del final del Medievo. Ligado a aspectos sociales fundamentales
de la crisis del siglo XV, la actitud de oposición u olvido de
la solución matrimonial era un elemento importante. Así se
observa en el *Roman de la Rose*. En Jean de Meung «todo
su discurso tiende a demostrar que el matrimonio es contra
naturaleza» [15]. Y es un eco, bien claramente recognoscible
de esta concepción, lo que se observa en los personajes de
La Celestina, que viene a quedar explícita en palabras de
Melibea que a continuación recordamos.

Por otra parte, es no menos cierto que la cuestión del
matrimonio era predominantemente una cuestión social, es-

---

[15] Paré *Le Roman de la Rose et la scolastique courtoise*, Paris-
Ottava, 1941, pág. 159.

tamental, en la que muy poco entraba el tema del amor.
Puede apreciarse así todavía en el *Norte de los estados* de
fray Francisco de Osuna (1531). Pero también es cierto que
en la trama de *La Celestina*, la posibilidad del individuo de
librarse de sujeción familiar o estamental, llegando a un
matrimonio por amor, estaba abierta, ya que, preocupado
por la elección de cónyuge de su hija, vemos que dice Pleberio: «en esto las leyes dan libertad a los hombres y a las
mujeres, aunque estén so el paterno poder, para elegir» (página 259). Pero Melibea no se hace ni cuestión de ello. No
piensa un momento en esa posibilidad. Prefiere ser buena
amante a mala casada —y no tenemos por qué añadir que
en esto no incluya el posible caso del matrimonio con Calixto—. Así consigue Rojas presentarnos lo que necesita para
dar sentido a su obra: un ejemplo extremado, sin salvación,
de esa corriente del amor subjetivo, violento y libre, que no
quiere ver más que en sí mismo su razón de ser, que se
niega a aceptar un cuadro establecido de orden social, para
de esa manera realizar plenamente su entrega al amado.

El drama del amor desconcertado requería este planteamiento, libre de todo condicionamiento externo que limita-
ra su alcance. Es un amor que enajena y enloquece y no
tiene más salida que la muerte. Ése es el contenido de *La
Celestina* como «exemplum», como «moralidad», que trata
de poner patéticamente de manifiesto la raíz del mal que
los hombres sufren en la época y de los trastornos que a la
sociedad acarrea. Tal es el drama de la personalísima e íntima Melibea, la primera criatura dotada de una vibración
lírica auténtica en nuestras letras, un fenómeno muy moderno cuya posibilidad de expresión alcanzó Rojas precisamente por la hondura con que captó el tema con que está
construido su ensayo moralizador.

Esta concepción del amor como fuerza libre y violenta
resulta perfectamente adecuada a las condiciones de la nueva clase ociosa, tal como la hemos caracterizado páginas
atrás. El amor, así entendido, es como un nuevo deporte de
los ricos ociosos en la sociedad del siglo xv. De ahí el desarrollo de ese género de literatura amorosa en la época, que
tiene un público aristocrático de señores. Señala Eneas Silvio: «la juventud y superfluidad de bienes de fortuna con
que aquél (el amor) se cría e despierta». Por eso, del protagonista de su novela nos dice: «ninguna cosa a éste faltava
para despertar aquel blando calor de ánimo, aquella fuerça
de voluntad que llaman amor, sino el ocio y reposo» [16]. La
situación de miembro rico de la clase ociosa en Calixto ya
nos es conocida y constituye clave necesaria para entender
el sentido de la obra. También en la *Segunda Celestina*, del
mancebo enamorado, protagonista de la obra, lo primero
que se nos dice es que es rico, y ello es dato común al género celestinesco. Tal es el amor de los jóvenes ociosos, en
el nuevo individualismo burgués de la época, según podía
solamente desarrollarse en el marco de las ciudades.

En estas condiciones, el amor viene a ser, para una clase
ociosa que ya no practica la guerra, un deporte gozoso y doliente, en cualquier caso arriesgado, teniendo en cuenta las
graves consecuencias que su desorden puede acarrear —recordemos los peligros que rodean la visita a la amada en
toda esta literatura y que obliga al amante a ir armado y
con una pequeña tropa—. El amor aparece así como una
nueva manifestación de actividad depredatoria —y esto ayuda a explicar también la ausencia forzada del tema del matrimonio, ya que, aunque esto pueda ser literariamente su-

---

[16] Ed. cit., pág. 105. En cambio, observa que «solamente en las
pobres casas mora la castidad, y sola la pobreza, de las pasiones no
sanas del ánimo, es libre», pág. 107.

pervivencia del «amor cortés», depende en la nueva situación de condiciones sociológicas muy diferentes, en las que se encuentra una clase ociosa que ya no guerrea, que ya no tiene hábitos guerreros, los cuales ha de sustituir por otras actividades depredatorias (obsérvese que, si a los galanes del género celestinesco se les presenta como ricos, se omite, en cambio, como innecesario, decirnos si son de ánimo belicoso o aguerrido; en todo caso, su valor no parece tener más campo que el de las pendencias callejeras).

La muchacha encerrada, cuyo acceso resulta tan fuertemente dificultado, es presa que codicia el joven rico y ocioso. No hay que ver en ello una circunstancia española. De su reconocimiento en la propia sociedad italiana que contempla, parte Eneas Silvio para motivar su relato novelesco: «Este vicio manifiesto es en los italianos; a sus mujeres más que a tesoro las encierran» [17]. Y respondiendo a ese uso —tan claro en el modo de vida de Melibea— surge el difícil y peligroso deporte del amor. Todavía en nuestro siglo XVII, en una interesantísima obra de nuestra literatura calificada de costumbrista, esto es, en *El día de fiesta por la mañana* de Juan de Zabaleta, se recogen ejemplos de comportamiento similar, los cuales prueban la continuidad del fenómeno, ligado a una situación histórica de la sociedad moderna.

Como una manifestación de esa actividad en el amor, Celestina dice que ha «cazado» a muchas mujeres —en el sentido del azor que atrapa la presa como instrumento en mano del caballero y para goce suyo—. Celestina asegura, efectivamente, que con sus artes tiene cazadas a más de treinta que son mayores que Melibea, y si Calixto protesta ante tales palabras, su protesta se reduce solamente a que se diga que son aquéllas más altas que su amada, pero acep-

---

[17] Ed. cit., pág. 112.

ta sin reparo que tales artes de captación se apliquen a ella, para arrancar de Melibea un fin que no es el que ella hubiera normalmente aceptado. Siguiendo la metáfora venatoria, como respondiendo de ese modo al trasfondo de la cuestión, en la *Tercera Celestina*, cuando el joven enamorado contempla a la doncella, se nos dice: «nuestro halcón ha visto la garza, cómo se azora y se entona». Estos casos ofrecen, en forma social y psicológicamente bien definida, con trazos crudos, los primeros ejemplos de donjuanismo. Y si el sincero amor, a su manera, de Calixto y la alteración que en su ánimo produce, parecen alejarlo del tipo ulterior, ya más elaborado, de don Juan, hay, sin embargo, mucho de común.

Si el deporte amatorio a Calixto y a jóvenes de semejante condición les empujaba a transportes que les sacaban de sí mismos, y les exponía a arrostrar el peligro de las armas, otros deportes de más directa procedencia caballeresca, como el de los «pasos honrosos», entregaba a la muerte con frecuencia a quienes lo practicaban. Es evidente que la deportiva actitud del joven señor en el torneo, en la caza, como en el amor, puede llevar a dolorosos resultados, y, en tal sentido, la «triste herida» del amante no contradice, sino que peralta las condiciones del amor para convertirse en ocupación y ejercicio de los miembros de la clase señorial.

María Rosa Lida no quiere que haya una anticipación de donjuanismo en Calixto [18]. Aceptémoslo, en tanto que con ello se haga referencia a un tipo de muy precisas líneas; pero, a ambos casos, la actitud deportiva, venatoria y a la vez desordenada en el amor, propia de jóvenes representantes de la clase ociosa, les es común.

Que esta concepción individualista y sentimental, sensual y dramática, del amor, se encuentra desarrollada en alto gra-

---

[18] *Ob. cit.*, pág. 350.

do en la sociedad de las ciudades castellanas, a fines del siglo XV, es algo bien documentado. Basta con repasar los numerosos Cancioneros en que se reúne la exquisita poesía lírica de la época o con recordar la abundante literatura sobre el tema de la mujer (Talavera, Rodríguez de Padrón, Álvaro de Luna, Jaume Roig, Diego de Valera y tantos otros). En esas fuentes literarias se encuentran testimonios abundantísimos para quien quiera hacer la historia de la sensibilidad española en los albores de nuestro Renacimiento. Tal situación era cosa bien conocida fuera. De ahí las numerosas traducciones de la novela sentimental de Diego de San Pedro; de ahí que en Francia para prestigiar una novela amorosa se presente —aunque la referencia sea falsa— como traducida del español, lo que sucede con el *Roman de Jean de Paris;* y de ahí también que un personaje tan sugestivamente renacentista como Margarita de Navarra, en la novela veinticuatro de su *Heptameron,* declare que «le langage castillan est sans comparaison mieuex declarant ceste passion que ung autre».

¿De dónde procede ese sentido del amor al que tan exactamente responden los personajes de *La Celestina?* De un proceso de mundanización y secularización de la vida, tan ligado al nuevo sentido de la muerte que sólo fijándonos en este último aspecto acabaremos de comprender.

La situación social de una clase apoyada principalmente en la riqueza, que presenta una nueva imagen moral condicionada por esa situación y la proyecta sobre la clase subordinada, despertando en ella los mismos apetitos desordenados, está en la base de la crisis y desvinculación de los individuos respecto al sistema tradicional de valores y fines [19]. Surge

---

[19] «Con la sustitución de una economía de la subsistencia por un sistema de producción de mercancías tiene lugar un cambio análogo, en la actitud ante las cosas, al que acompaña el cambio del pensamien-

así una sociedad que vive en un mundo secularizado, cuyos miembros, en sus diferentes niveles, estiman que solamente cabe en ella un comportamiento calculado, técnicamente desenvuelto en hábil juego con la fortuna. El egoísmo se convierte en ley de unos individuos distanciados moralmente unos de otros en su insolidaridad. Ese individualismo despierta un sentido negativo de libertad, una apetencia incontenible de autonomía personal que hace conmoverse todas las relaciones sociales y ha sido la gran fuerza impulsora del mundo moderno. Tal es el esquema de *La Celestina*.

¿Es esa imagen de la sociedad la que Rojas presenta afirmativamente en su obra? Es ingenuo creer que todas las reiteradas frases que parecen revelar una relajación del sentimiento religioso y moral, y no menos del orden social, que todas esas frecuentes expresiones de los personajes celestinescos en reconocimiento del placer, de la codicia y del egoísmo como motores del comportamiento de los individuos, respondan a las personales convicciones de Fernando de Rojas. Es absurdo tomar las frases de Areúsa, de Celestina, de Sempronio, de Calixto, etc., que traducen su interno estado de desorden moral y psicológico a los ojos de una estimación tradicional, como si fueran fórmulas en las que Rojas hubiera querido condensar y verter sus íntimos sentimientos. Y lo cierto es que así se viene haciendo por mu-

---

to cualitativo por el cuantitativo en relación con la naturaleza. Aquí también la concepción cuantitativa del valor de cambio reemplaza a la concepción cualitativa del valor de uso... Es una actitud que gradualmente llega a incluir todas las formas de experiencia humana». Ver K. Manheim, *Estudios de Sociología y Psicología social* (trad. española, México, 1963, pág. 98). Y añade Manheim una observación que habría que tener presente a lo largo de la lectura de todo nuestro libro: «No es que cada burgués individual mire el mundo de ese modo constantemente y en todos los momentos», sino que tal esquema corresponde a las formas normales de experiencia social de la burguesía y que ésta difunde sobre la sociedad en torno.

chos críticos, acudiendo, para explicárselas, a la supuesta incredulidad de Rojas, considerándole como un representante del supuesto, aunque siempre inexplicado, agnosticismo de un converso.

Cuando, entre sus datos biográficos, nos encontramos con el de que en su testamento nos pone de manifiesto Rojas una escrupulosa atención a los negocios del alma en el más allá, y leemos minuciosas disposiciones en el texto de aquél sobre misas, entierro, mortaja, etc., todo ello muy dentro de la ortodoxia católica, resulta sobremanera absurdo sostener que Rojas hizo esto en su testamento por miedo, y suponer, en cambio, que no habría sentido el menor temor en vida al mostrarse tan agnóstico y satírico en *La Celestina*. Por otra parte, si en ésta incluyó tan variado repertorio de frases irreverentes, incluso blasfemas, si omitió en momentos decisivos toda referencia a los sacramentos y a la religión, si no disimuló duras frases de crítica antieclesiástica, si puso en claro tan honda turbación moral y espiritual en sus personajes, carece de sentido pretender que ello se debe a que de esa forma en el autor se exprese, libre y directamente, la repulsa de una religión por parte de quien había sido forzado a recibirla. Por una frase que no es más grave que tantas otras de *La Celestina*, es más, por una frase que traduce, en términos muy reducidos y limados, el drama moral y religioso de *La Celestina*, sabemos que el propio suegro de Rojas había sido perseguido, no habiéndola pronunciado más que privadamente, si es que alguna vez llegó a hacerlo. Hay críticos que la traen al recuerdo para venir a concluir que algo semejante debía inspirar el supuesto anticristianismo de Rojas, converso insincero, en *La Celestina*, y, al mismo tiempo, aceptan sin más que a Rojas no le pasara nada grave y que aún se sintiera tan firme en su postura que se propusiera encargarse de la defensa procesal de su suegro. Todo esto, en cambio, quiere decir que lo que en la época se creía descubrir en *La Celestina* era algo muy diverso; que lo que si se apreciaba —y con perfecta claridad— era que tales manifestaciones de relajación de la fe y de la moral no eran frases dichas por Rojas como expresión directa y personal de su pensamiento, sino, inversamente, presentadas por él como razón de la catástrofe que arrastraba a todos los personajes de su obra insalvablemente. La Inquisición no tocó las expresiones anticlericales de *La Celestina*, ha observado Bataillon; pero es más, unos años después de su publicación, al apoderarse de la censura de libros, la Inquisición que afixiantemente persiguió hasta pequeñas frases y palabras en tantas otras obras, no suprimió nada de lo que en *La Celestina* testimonia agnosticismo o irreverencia, sencillamente porque no lo tomó como afirmaciones del autor, sino como muestras del estado moral de una sociedad que en la obra se sometía a evidente crítica. Sólo en el siglo XVIII se cambió de manera de ver, como ya recordamos al principio.

Tengamos en cuenta una doble observación: si bien hay matices peculiares en el texto de Rojas, como los hay en cada uno de los que emplean un lenguaje sacro-profano —sea un Charles d'Orléans o un Juan de Mena—, y si no hay por qué negarse a aceptar que en esos matices peculiares puedan rastrearse reflejos de su básica personalidad de hebreo converso, lo cierto es que tal recurso literario no es más que utilización de una forma literaria usual en el XV, como ha sostenido Samona, procedimiento común a escritores de todo origen y cultura[20]. En segundo lugar, ese procedimiento de reelaboración de un recurso literario, clási-

---

[20] *Aspetti del retoricismo nella Celestina*, Roma, 1953, pág. 98 siguientes.

co o medieval o renacentista, más o menos frecuente en su tiempo, transformándolo hasta no dejar de él más que un simple pretexto para alcanzar una obra de suma originalidad —en virtud de una alquimia artística que María Rosa Lida ha estudiado con admirable saber—, es siempre lo que Rojas hace en todos los aspectos de su *Tragicomedia*. Carece de sentido reducir una creación artística a una determinación étnica tan parcial y, en cambio, tan rigurosamente aplicada, cuando la antropología y la etnología han dejado hoy en entredicho la determinación étnica, no sólo entendida biológica, sino socioculturalmente [21], dejándola reducida a estrechos límites. Andar preocupados por estos problemas, y dejar de lado los más efectivos condicionamientos sociales y económicos no deja de ser una forma un tanto anacrónica de hacer historiografía [22].

«Por una desviación del buen gusto y de la moda, los poetas del siglo xv, en sus sublimaciones del amor, llegaron a confundir su posición amorosa o, mejor, el ansia extremada que sentían por su amada con el amor de Dios, y de ahí vienen esas exaltaciones en la expresión amorosa hasta la irreverencia sacrílega»: éste es un dato sobre los Cancioneros del xv que una investigadora que ha trabajado sobre ellos nos enuncia en esas palabras, con su doble aspecto de

---

[21] No se diga que en tales casos no se habla de los conversos en un sentido racista. No es sólo a la desvaloración de la determinante racial a lo que nos referimos. Por eso empleamos la voz «etnia». Nos referimos a toda etnia o pretendida formación cultural sobre un elemento decisivamente biológico.

[22] Sobre un caso semejante comentaba María Rosa Lida: «en la literatura castellana esa hipérbole es signo de una época, más bien que reacción de un grupo social o de tal o cual individuo, según lo acredita el ejemplo de poetas como don Juan II, Santillana, Gómez Manrique, de cuya limpieza de sangre no cabe duda» (*Juan de Mena, poeta del prerrenacimiento español*, México, 1950, pág. 94).

generalidad y de banalidad [23]. Rojas coge el hilo de esa moda
y, al complicarlo y enriquecerlo en la urdimbre de su drama,
lo desvía hacia una nueva dirección. En él no será ya una
moda literaria; será, en cambio, manifestación de una forma de vida, con una significación más amplia, incorporado
a todo un trasfondo social. Es un dato más de la honda crisis cuya apreciación le llevó a escribir ese «exemplum» de
filosofía moral que es *La Celestina*. Tales modos de confu-
sión verbal sacro-profana son manifestación parcial del íntimo trastrueque de bienes y valores, de sentimientos y apetencias, de personas y de clases sociales que, en la dramática tensión de la obra, contienden entre sí y luchan por salir de su férreo enmarcamiento.

Esa ampliación con que los fenómenos de crisis y relajación se presentan en *La Celestina* fue advertida ya por
Menéndez Pelayo: «La inconsciencia moral de los protagonistas es sorprendente. Viven dentro de una sociedad cristiana, practican la devoción exterior, pero hablan y proceden como gentiles, sin noción del pecado ni del remordi-
miento» [24]. Sin saberlo él, Menéndez Pelayo dibuja en esa
imagen, exactamente, el comportamiento, perfectamente ti-
pificado, de los individuos de la clase ociosa en la nueva
forma que ésta adquiere a partir del desarrollo económico
del siglo xv. Ese párrafo que acabamos de citar parece ex-
traído de un capítulo de la obra de Veblen, a la que nos hemos venido refiriendo, sobre las características sociológicas
de dicho grupo.

Pues bien, con plena conciencia de esa situación, como
tal vez ningún otro escritor la tuvo, Fernando de Rojas quie-

---

[23] F. Vendrell de Millás, *El Cancionero de Palacio*, Barcelona, 1945,
páginas 90.
[24] *Ob. cit.*, III, pág. 386. Este estudio sobre *La Celestina* es uno
de los que todavía hoy conservan interés entre los de su autor.

re enseñarnos que la salida para los que así proceden no
es otra que la catástrofe, y esto lo hace en la única forma
que podía herir la conciencia de las nuevas gentes de la
época, esto es, como catástrofe personal que alcanza a cada
uno de los individuos que en el drama participan.

Los moralistas y los predicadores juzgan también, a fines del siglo xv —así lo estiman ellos— que el mundo anda
mal. Y, clamando contra ese estado, emplean insistentemente
todas las armas de la literatura didáctica, religiosa y moral
de la Edad Media, todos esos archiconocidos «exempla» que
se venían repitiendo en múltiples colecciones [25]. Pero es en
vano, porque no ya de cada individuo por sí, sino de la sociedad misma, se diría estar dispuesta, más y más cada día,
a continuar por las sendas contra las que aquéllos claman.
Por eso Rojas inventa un complejo y bien montado ejemplo,
lleno del más rico contenido personal individualizado. Podemos comprobar que Rojas, según lo que le hace decir a
Sempronio en las primeras páginas de *La Celestina*, conoce
todo el repertorio de los «ejemplos» medievales. Pero Rojas
sabe también, porque se diría que ha tomado el pulso
a las gentes de su época, que el anodino y pesado recuerdo
de tales anécdotas, conservadas por una anacrónica literatura edificante, no impresiona a nadie. Como no impresiona
a Calixto, no es más eficaz tampoco para conmover a los
hombres reales, a los hombres de carne y hueso de la sociedad de su tiempo. La ocurrencia de Rojas entonces consiste en mostrarles los males que por tan desatentada conducta caen, efectivamente, no sobre unos olvidados sabios
y héroes antiguos, cuya fría ejemplaridad a nadie le dice
nada, sino sobre personas de rostro y carácter conocidos,
que andan entre las gentes. Su arte radicó en conseguir que

---

[25] Welter, *L'exemplum dans la littérature religieuse et didactique
du Moyen Âge*, Paris, 1927.

para sus contemporáneos, Calixto, Celestina, Melibea, fueron vistos como personas que cada uno creía haber encontrado y tratado en su vida real. De ahí la rápida mitificación de estos personajes que actuaron, con real encarnación de mitos, sobre las gentes de comienzos del xvi, como se da por supuesto en la literatura celestinesca de esos años. La «realidad de ficción», dicho unamunianamente, de los personajes de *La Celestina*, era algo que quizá por primera vez se alcanzaba en la Historia de la literatura, en virtud del fuerte estímulo con que un autor se sintió impulsado a escribir una «moralidad» tradicional, pero dotada de una fuerza tal vez nunca experimentada en tal manera, de una fuerza capaz de conmover a las gentes de nueva sensibilidad que vivían en su tiempo —gentes que no entendían ya el mundo como un orden abstracto de conceptos generales y que, negándose a permanecer en rígidos cuadros estamentales, se hallaban en trance de estrenar una conciencia individualista—. Técnicamente, Rojas consiguió tal novedad al dar el paso, como ha observado Samona [26], del esquematismo y estilización del diálogo amatorio, propio de la forma retórica de los espejos y debates de la didáctica medieval, al concreto contenido lírico en la caracterización de los amantes. Y esto que Rojas alcanza en el terreno del sentimiento del amor, lo logrará también en el de la dramática experiencia de la muerte.

Lo cierto es que los moralistas y los predicadores estiman que a esas gentes, contra cuya conducta mundanizada claman, se las ve proceder como si creyeran que no hay más paraíso que el de los placeres y glorias terrenales y como si olvidaran que en el infierno, al cual en sus predicaciones invocan, la lujuria, la avaricia, tantos otros pecados, han de

---

[26] *Ob. cit.*, págs. 187 sigs.

ser castigados. Ante tal estado de ánimo, la idea de Rojas, que le inspira fundamentalmente *La Celestina*, es que, existiendo muchos que piensan y obran así y siendo acorde con ello el proceder de los ricos ociosos y de sus servidores, hay que mostrarles que contra tales casos el castigo sobreviene en ese mismo pseudo-paraíso de la vida mundana. Al construir su obra sobre tal base de argumentación, Rojas está estrechamente vinculado una vez más a su sociedad y condicionado en su obra por una muy concreta situación histórica, en medio de la cual se siente solidario de los intereses tradicionales. Lo admirable en él es su capacidad de darnos un cuadro tan complejo y vivaz del panorama social, apasionante, que le es dado contemplar.

La existencia, en la sociedad española del otoño medieval, de gentes que ponían su exclusiva preocupación en placeres y dolores mundanos, es, como en el resto de Europa, un fenómeno reconocido que no necesita detenida demostración. Desde el *Rimado de Palacio* del severo López de Ayala hasta la poesía satírico-moral de fines del xv y comienzos del xvi, el hecho queda bien confirmado. Para esas gentes, se nos dice, nada importa más que la vida terrena y lo que en ella se pueda alcanzar. A los tales, la muerte se les aparece como algo negativo y nada más, o, por lo menos, principalmente, como una negación: la pura y simple cesación de la vida, sin una decisiva referencia al tema de la vida sobrenatural. De este modo les acusan los moralistas y en esos términos se citan algunas declaraciones explícitas de personajes de la época. Una vez más, esto se ha puesto en relación con el pretendido agnosticismo de judíos y conversos. Y, como en el caso de los personajes de *La Celestina*, su inconsistencia moral parece responder efectivamente a una actitud mundanizada, semejante a la que hemos dicho. María Rosa Lida ha relacionado la presencia de ese estado de espíritu en la

obra de Rojas con la acusación inquisitorial contra su suegro, Álvaro de Montalbán, en la que se le atribuye negar
que exista un más allá [27]. De tal manera ni Montalbán creería en la otra vida, conforme se le achaca en el proceso in-
quisistorial, ni su yerno Rojas creería tampoco en ella, según se desprende de la falta de preocupación por la misma
en las páginas de *La Celestina*. Mas, al argumentar de esa
manera, parece darse por supuesto: primero, que el contenido de una acusación inquisitorial haya que tomarla como
un dato fidedigno [28], lo que resulta difícil de sostener si
hay que armonizar las muy contradictorias imputaciones
que se lanzaban a un mismo tiempo contra los judíos y conversos; segundo, que exista una relación necesaria entre judaísmo y mundanización, entendida ésta según el tipo que
hemos venido señalando, siendo así que el judío de origen,
siempre acusado de seguir con sus prácticas, mostraba, según ello, una heroica fidelidad a sus creencias («on se fait
d'étranges idées sur les cristianos nuevos», dice Bataillon);
tercero, que Rojas, con valor casi suicida, ingenuamente
quería dar cuenta a todos en *La Celestina* de un íntimo estado de creencias cuya mera imputación privada tan amar-
gas consecuencias le costaba soportar a su suegro.

Lapesa ha recobrado el dato de una acusación análoga,
hecha contra el médico, también judío, Juan López de Illes-
cas; pero el propio Lapesa [29] recoge la alusión de Gómez
Manrique contra los que creen

> que no ay en el bivir
> sino nascer e morir,

---

[27] *Ob. cit.*, pág. 169.
[28] Realmente es algo demasiado ingenuo que se diga esto en nuestros días, en los que, por desgracia, tan frecuente ha sido tratar de
hundir al enemigo político, imputándole gratuitamente ideas o creencias reputadas legalmente como delictivas en ese momento.
[29] Artículo citado en la nota 43 del capítulo segundo.

creencia que, advierte aquél, en ningún momento Gómez Manrique atribuye a cristianos nuevos y judaizantes, sino que presenta como un fenómeno dado en su tiempo. Y, efectivamente, así es: al darnos tal imagen del estado espiritual de sus personajes, Rojas, muy lejos de autodenunciarse en sus frases como converso mal avenido con la nueva fe, lo que hace es reflejar, en tanto que ámbito en que se explica el estallido de su tragedia, una actitud vital general en la Europa de la segunda mitad del xv. Es, exactamente, la idea de la muerte que, a través de una fina investigación, ha caracterizado Tenenti como propia del arte europeo de ese siglo. Es difícil descubrir una adecuación mayor entre ambos aspectos, prueba eficaz del pleno europeísmo de la cultura de nuestro siglo xv, a pesar de las modas locales que en él, como en cualquier otro lugar o tiempo, puedan darse.

La manera como el hombre «vive» la muerte es distinta de unas épocas a otras, es historia. «El sentido de la muerte es, en su primer aspecto, un problema histórico, dice Tenenti, es decir, que no cesa de transformarse, de vivir, en suma, aunque a nuestra mirada no alcance gran relieve más que en períodos de crisis». El sentimiento del límite o del final de su propia duración en el hombre «afecta a los resortes más profundos de la vida y constituye necesariamente un aspecto importante de la evolución de las sociedades» [30].

A mediados del xv, el tema de la muerte adquiere una gran difusión en la cultura de la sociedad europea occidental. Bajo forma de «triunfo», según la fuente petrarquista, o como danza macabra, se hace general y se emplea, incluso como motivo ornamental, en la iluminación de libros, decoración de muebles, estancias, tapices, puertas, fachadas, etc. Recor-

---

[30] *La vie et la mort dans l'art du XV.ᵉ siècle*, Paris, 1952. La cita en pág. 9.

demos esas curiosas contraventanas con las efigies, en ba-
jorrelieve, de la vida y de la muerte, en una casa de la calle
segoviana del mismo nombre, que hoy se encuentran en el
museo de la ciudad. Lo que en esas nuevas y tan repetidas
versiones del tema destaca —aunque subsista, como en un
segundo plano, el carácter de la muerte como entrada en el
más allá— es, ahora, sobre todo, el sentimiento de que ella
pone fin a la vida. De ser el primer acto de la otra vida, cada
vez más se la considera como el último acto de la existencia
terrena. Bajo una u otra forma, de triunfo o de danza, que
la literatura y la iconografía difunden, lo que queda puesto
fuertemente de relieve es que, con su inexorable poder, la
muerte nos priva de cuanto el mundo nos ofrece. Claro que,
en último término, «el fin del cuerpo conservará siempre su
valor de liberación del alma, pero ahora la consideración se
detiene más en aquel otro aspecto, tratando de sacar el mayor provecho espiritual posible»[31].

Las conclusiones sobre la investigación del tema en el
campo del arte coinciden con las que pueden realizarse en el
sector de la literatura. Huizinga nos hizo ver ya una concepción de la muerte parecida[32]. La muerte es, en la literatura
italiana del primer Renacimiento, el final del placer o del
goce de vivir, bien se trate de la licenciosa sensualidad de los
libertinos o bien de la exquisita cultura intelectual a que as-
piran los humanistas. Miss E. R. Berndt, que se ha planteado el tema, precisamente estudiando La Celestina, sin conocer,
según parece, el libro de Tenenti, llega a las mismas conclusiones. «Para Salutati, con la muerte que destruye la armonía de todo lo humano, el hombre deja de ser, ya no existe.
Y para Alberti, con la muerte nosotros ya no somos, ya no

---

[31] Resumimos los observaciones que expone Tenenti, págs. 29 siguientes.
[32] Ob. cit., vol. I, págs. 201 sigs.

existimos. La muerte es tan terrible para ambos porque es la destrucción de algo muy valioso y esencialmente humano: la conciencia del yo personal». En cualquier caso, es la cesación del vivir, de ese vivir que por sí mismo es tan deseable. En España, los poetas del Cancionero del xv revelan un sentimiento análogo que les lleva a quejarse de la «negra muerte» [33]. De ahí la tendencia a buscar en una existencia terrenal, individual, aunque no física, la de la fama, una compensación a la pérdida que la muerte representa [34].

No son los dolores de la muerte ni los tormentos infernales en la vida eterna lo que cuenta, sino la privación de la vida en este mundo. Y ese aspecto negativo destaca particularmente en la versión literaria española de la *Danza de la muerte*, la cual presenta mucho menos tremebundismo medieval que las demás versiones del tema en otras literaturas; pero es inexorable su testimonio de privación de goces y placeres, en lo que la versión castellana alcanza una vivacidad y un realismo que no se encuentran en otras [35]. Pues bien, de este planteamiento del problema de la muerte en la sociedad de fines del siglo xv parte Rojas para construir el tema de *La Celestina* [36].

Rojas, que, ingresado como converso en la ortodoxia de la sociedad en que vive, se siente más bien solidario del sis-

---

[33] Berndt, págs. 73 sigs.

[34] Una interesante discusión del tema en Alberto del Monte, *Chiosa alle Coplas di Jorge Manrique*, en *Quaderni Ibero-Americani*, Turín, 1965.

[35] W. Mulertt, *Sur les danses macabres en Castille et en Catalogne*, en *Revue Hispanique*, LXXX, 1933.

[36] Gilman, *ob. cit.*, pág. 132, niega todo parentesco entre el sentido de la muerte en el *Libro de Buen Amor* o la *Danza de la muerte* y en *La Celestina*. Sin embargo, en el último caso, hay coincidencia en un aspecto fundamental como el que hemos señalado. Lo que puede decirse es que *La Celestina* ofrece en admirable desarrollo literario lo que la *Danza* contiene en forma más modesta.

tema moral tradicional, escribe su *Tragicomedia* para amo-
nestar a las gentes con el ejemplo de que el final de su desorden es la muerte, esto, es, el acabamiento irremediable
de esa misma vida que se quiere gozar. *La Celestina* se inscribe entre esas abundantísimas obras de la literatura y del
arte dedicadas a ese tema, que constituyen la mayor producción tal vez del siglo. Y se inscribe en esa línea exactamente con un sentido de la muerte que corresponde a la
época en que se produce. Siguiendo esa correspondencia se
llega a poder explicar aspectos parciales, cuyo sentido no
cabe comprender más que interpretándolos en esa dirección.
Por ejemplo, se ha señalado como extraño el pasaje de la
obra en que los criados, después de muerto Calixto, retiran
su cadáver del lugar en que el mortal accidente se produjo,
para librarle de deshonra. Se ha querido ver en ello una
prueba de que Melibea era hija de converso y de que los
criados dan por descontado que la proximidad a la casa de
una familia de origen hebreo infamaría la memoria de Calixto. Es ésta una solución insostenible, ya que en esa época y hasta en fechas mucho más adelantadas es normal y
perfectamente aceptado el matrimonio de personaje de alto linaje con rica heredera de converso. Creer que la tacha
desfavorable que los criados de Calixto quieren evitar es
algo que depende de la proximidad de la casa de Pleberio
por el imaginado judaísmo de su dueño, es más que absurdo, y contradice el carácter honorable y aristocrático de
que la mansión del padre de Melibea se rodea en la obra.
Hidalgos casados con hijas de conversos vivían en las casas
de éstos, en plena judería, sin tacha alguna. Ejemplo, Juan
Bravo, en Segovia, a quien, ni aun siendo condenado por
traidor comunero, se le acusó de tal proceder. Comprende-
remos el pasaje de *La Celestina* teniendo en cuenta otros
motivos: considerando sencillamente que para la burgue-

sía rica y recién ennoblecida del primer Renacimiento y
para cuantos pertenecen de algún modo a su mundo, el decoro social era una necesaria base de su sistema de vida y
la práctica externa de la religión era, a su vez, un elemento
de ese decoro. En 1473, Bartolomeo de Maraschi publica en
Roma un pequeño tratado de *Preparatione alla morte* [37] y en
él se dice que la muerte sin sacramentos deshonra al muerto y a su casa: «tutti quelli che sonno de la progenie e parentela remangono infamati e masculati». La nota infamante de haber muerto «como un perro en medio de la calle» y
sin las requeridas prácticas devotas, afecta, pues, no sólo
a la memoria de Calixto, sino a toda su familia y a la gente
de su casa. Que de tal manera lo que cuente sea la descali-
ficación social en un caso así, es contundente prueba, una
vez más, del estado de secularización de la clase ociosa rica
y del carácter externo de su religión. Y esa misma situación
que descubrimos en la referencia de un texto piadoso italiano, publicado unos años antes en la Roma renacentista, se
pone igualmente de manifiesto hasta en los pasajes secun-
darios de *La Celestina*. Pero es más. La misma legislación
positiva española, de acuerdo con el estado europeo de la
cuestión, recogía, desde comienzos del xv, ese planteamiento del decoro de la muerte como un problema social que la
ley tenía que resolver. En efecto, una ley de Enrique III,
en 1400, disponía que al que muriese sin confesar y comul-
gar, salvo en caso de fuerza mayor, cuya engorrosa prueba
—siempre peligrosa para el decoro o decencia del muerto
y su familia— en caso de duda incumbía a la parte, sería
castigado con la pérdida de la mitad de sus bienes, que se
declararían afectos a la Cámara real. Y esta ley pasó a la
Nueva Recopilación (I, I, 5.ª) y, aún más tarde, a la *Novísi-
ma* (I, I, 3.ª).

---

[37] Cit. por Tenenti, 11.

La construcción levantada por Rojas pone ante los ojos del lector cuál es el resultado de las gentes entregadas a un profundo desarreglo del criterio moral. Es el drama de los que, sobre todo, desean vivir más, concediendo una primacía indebida a la vida terrena, al pensar que «es dulce el vivir». Es el drama de los que están dispuestos a «todo por vivir» (página, 165), de los que gozan de la juventud porque tiene más vida por delante (pág. 170), de los que estiman la vida, de suyo, como un bien, con el que hay que holgarse y gozarse (pág. 262). Es, en fin de cuentas, el drama, lleno de la más dolorosa contradicción, de los que, como Melibea —que pronuncia o asiente o acepta tales palabras de exaltación del vivir y del gozar—, acaban entregándose sin libertad a la muerte, vencidas en su albedrío y en su misma voluntad de vivir.

Para unos hombres que estiman superlativamente la dulzura de la vida, representarles los bienes o los males del más allá puede no tener demasiada fuerza. Sin duda, los bienes terrenales ejercen sobre ellos más enérgica tentación que los del otro mundo[38]. De la misma manera, los males de la tierra pueden resultar más insufribles que los que amenazan en la otra vida[39]. En consecuencia, hay que apoyarse en ese mismo sentimiento de gusto por la vida terrenal y de dolor por sus sufrimientos, máximamente por su fin fatídico, si se quiere realizar una obra moral eficaz, una obra que impresione las conciencias con la mayor energía.

---

[38] Los teólogos se plantean cada vez más el tema de si los bienes temporales pueden merecerse, y llegan a una solución afirmativa para atraer con la esperanza de ellos al cumplimiento de los deberes religiosos.

[39] Calixto considera tan agudamente doloroso su fuego de amor que «si el de purgatorio es tal, más querría que mi espíritu fuesse con los de los brutos animales», pág. 27.

Pero es necesario, a tal objeto, ponerles también de manifiesto que esa muerte que les amenaza es la suya, la de cada uno, cuya única e irrepetible existencia acabará en el momento de aquélla. Todo el individualismo que empieza a impulsar en sus aspectos más diversos la cultura de la época, inspira ese nuevo sentimiento individualizado, personalísimo, de la muerte. Todavía en las representaciones iconográficas o literarias de la «Danza de la muerte», ésta se presenta con un sentido abstracto y general. Aunque en muchas de esas representaciones los detalles sean ya realistas, la imagen de la muerte aparece como simbolización de un concepto doctrinal. No hay alusión a un hecho físico concreto que singularmente —una enfermedad, un accidente— corte la existencia de tal o tal otra persona en su real individualidad. La muerte, con la herida de su dardo o el corte implacable de su guadaña, pone fin a las vidas anónimas de personajes abstractos —el rey, el obispo, el mercader, el labrador—. Pero ése es el aspecto del tema que va a cambiar, para cargarse de la más fuerte tensión personal. Tenenti cita la novedad de un libro de horas francés, de mediados del xv, en el que la meditación de la muerte se acompaña, en sendas miniaturas, de las imágenes de un hombre que se ahoga y de una mujer enferma. Se abandona un mundo de símbolos para entrar en un mundo de realidades personales. Es una nueva experiencia, de contenido altamente individualizado, la que el artista que ilustró ese texto quiso representar.

La Celestina no es ni una «Danza macabra» ni un «Triunfo de la muerte». Con una forma mucho más evolucionada, francamente renacentista, presenta las experiencias, singulares en cada caso, del morir de cada uno. La Muerte, como símbolo abstracto, no es la protagonista, a diferencia de los viejos «exempla» medievales; pero el morir de cada uno

domina, como experiencia real, la vida de todos los personajes. No se trata de un castigo que viene ordenado directamente del más allá y con inmediata referencia al pecado
cometido. Para muchos, la real y práctica indeterminación
en su cumplimiento, de castigos tales, los dejaba reducidos
a una amenaza poco temible. Se trata, en cambio, ahora de
presentar el morir como resultado positivo de un encadenamiento de causas, como ya vimos, en las cuales puede no
estar inserta su expresa finalidad, pero a cuya forzosidad
nadie puede sustraerse. La dulzura de la vida, la gloria de
los placeres, cuyo disfrute, en cada uno a su manera, enaje-
nó y desordenó a Calixto y a Melibea, a sus criados, a Celestina, se acaba con el golpe terrible de la muerte personal,
privándoles de esa existencia en la que querían encerrar todo
su bien. Los deleites de la vida llevan a un más rápido, ines-
perado y seguro acabamiento de la misma. Tal es el sentido
moral de *La Celestina*, en estrecha conexión con los supuestos histórico-culturales de la sociedad que en ella se
refleja.

También el Arcipreste de Talavera, proponiéndose escribir contra la raíz de los males de su tiempo, nos confiesa
que proyectó hacerlo reduciéndose a los medios que en tal
situación pudieran ser eficaces: «por çierta experiençia e
rrazones naturales»[40]. Fernando de Rojas —sólo que mucho
más radicalmente— seculariza su alegato y se sirve de elementos terrenales que puedan servir para impresionar patéticamente sobre el infortunio y el dolor que amenazan.

---

[40] Ed. cit., pág. 4.

E P í L O G O

Tenemos en *La Celestina*, como creemos haber puesto en claro a través de nuestro análisis, el modo de comportarse y, por detrás de ello, el modo de ser, histórica y socialmente condicionado, de los señores y de los criados, de los distinguidos y de los no distinguidos, de la clase ociosa dominante y de la subordinada, esto, es, de la sociedad urbana en sus aspectos más característicos, correspondientes a la fase de evolución que el autor de tan ilustre Tragicomedia pudo conocer en las ciudades castellanas a fines del siglo xv. En un momento de arranque, *La Celestina* nos dibuja, en la cultura española, la imagen de una sociedad secularizada, pragmatista, cuyos individuos, moralmente distanciados unos de otros, actúan egoístamente. Este distanciamiento, originado de las posibilidades técnicas de la economía dineraria, en las circunstancias de la nueva época significaría libertad. Pero desde bases tradicionales pudo apreciarse quizá nada más que como un desorden radical de la existencia humana.

Rojas, en esas condiciones, se propuso escribir una «moralidad» contra los males que la nueva situación podía traer consigo, como cualquiera otra arrastra los suyos. Al hacerlo así, rompiendo viejos moldes literarios, de cuya tradición, no obstante, acertó a aprovecharse con singular maestría, creaba una obra de arte del más alto valor. Siglos después, el historiador, sabiendo que sus páginas modestamente no añaden nada al arte, puede, sin embargo, considerarse satisfecho si ha logrado señalar la vinculación de aquella egregia obra con las circunstancias críticas de la sociedad española que contempló el otoño medieval. Pero él está obligado, además, a pensar que de esa crisis surgirían también aspectos positivamente muy valiosos, que iban a florecer en la larga época de la modernidad. En este sentido, *La Celestina* tal vez encierra el primer episodio en la lucha contra la enajenación que constituye el más hondo drama del hombre desde el Renacimiento a nuestros días. Se equivocan quienes creen que esa lucha es un fenómeno que tan sólo se da en los últimos ciento cincuenta años, aproximadamente; esto es, en la etapa del supercapitalismo industrial y de las consecuencias socio-culturales por él suscitadas. Desde el momento en que las energías del individualismo moderno despiertan, tanto en arte como en literatura, en economía, en política, en filosofía, el hombre se esfuerza denodadamente por hacerse dueño de su propio destino, por asegurarse, como pretenden hacerlo los personajes de Rojas, un área de autonomía en su vida personal, que es sólo suya.

ÍNDICE GENERAL

BIBLIOTECA ROMÁNICA HISPÁNICA

Director: DÁMASO ALONSO

I. TRATADOS Y MONOGRAFÍAS

Walther von Wartburg: *La fragmentación lingüística de la Romania.*

René Wellek y Austin Warren: *Teoría literaria.*

Wolfgang Kayser: *Interpretación y análisis de la obra literaria.*

E. Allison Peers: *Historia del movimiento romántico español.*

Amado Alonso: *De la pronunciación medieval a la moderna en español.*

Helmut Hatzfeld: *Bibliografía crítica de la nueva estilística aplicada a las literaturas románicas.*

Fredrick H. Jungemann: *La teoría del sustrato y los dialectos hispano-romances y gascones.*

Stanley T. Williams: *La huella española en la literatura norteamericana.*

René Wellek: *Historia de la crítica moderna (1750-1950).*

Kurt Baldinger: *La formación de los dominios lingüísticos en la Península Ibérica.*

S. Griswold Morley y Courtney Bruerton: *Cronología de las comedias de Lope de Vega (Con un examen de las atribuciones dudosas, basado todo ello en un estudio de su versificación estrófica).*

II. ESTUDIOS Y ENSAYOS

Dámaso Alonso: *Poesía española (Ensayo de métodos y límites estilísticos).*

Amado Alonso: *Estudios lingüísticos (Temas españoles).*

Dámaso Alonso y Carlos Bousoño: *Seis calas en la expresión literaria española (Prosa-poesía-teatro).*

Vicente García de Diego: *Lecciones de lingüística española (Conferencias pronunciadas en el Ateneo de Madrid).*

Joaquín Casalduero: *Vida y obra de Galdós (1843-1920)*

Dámaso Alonso: *Poetas españoles contemporáneos.*

Carlos Bousoño: *Teoría de la expresión poética.*

Martín de Riquer: *Los cantares de gesta franceses (Sus problemas, su relación con España).*

Ramón Menéndez Pidal: *Toponimia prerrománica hispana.*

Carlos Clavería: *Temas de Unamuno.*

Luis Alberto Sánchez: *Proceso y contenido de la novela hispanoamericana.*

Amado Alonso: *Estudios lingüísticos (Temas hispanoamericanos).*

Diego Catalán: *Poema de Alfonso XI. Fuentes, dialecto, estilo.*

Erich von Richthofen: *Estudios épicos medievales.*

José María Valverde: *Guillermo de Humboldt y la filosofía del lenguaje.*

Helmut Hatzfeld: *Estudios literarios sobre mística española.*

Amado Alonso: *Materia y forma en poesía.*

Dámaso Alonso: *Estudios y ensayos gongorinos.*

Leo Spitzer: *Lingüística e historia literaria.*

Alonso Zamora Vicente: *Las sonatas de Valle Inclán.*

Ramón de Zubiría: *La poesía de Antonio Machado.*

Diego Catalán: *La escuela lingüística española y su concepción del lenguaje.*

Jaroslaw M. Flys: *El lenguaje poético de Federico García Lorca.*

Vicente Gaos: *Poética de Campoamor.*

Ricardo Carballo Calero: *Aportaciones a la literatura gallega contemporánea.*

José Ares Montes: *Góngora y la poesía portuguesa del siglo XVII.*

Carlos Bousoño: *La poesía de Vicente Aleixandre.*

Gonzalo Sobejano: *El epíteto en la lírica española.*

Dámaso Alonso: *Menéndez Pelayo, crítico literario. Las palinodias de Don Marcelino.*

Raúl Silva Castro: *Rubén Darío a los veinte años.*

Graciela Palau de Nemes: *Vida y obra de Juan Ramón Jiménez.*

José F. Montesinos: *Valera o la ficción libre (Ensayo de interpretación de una anomalía literaria).*

Eugenio Asensio: *Poética y realidad en el cancionero peninsular de la Edad Media.*

Daniel Poyán Díaz: *Enrique Gaspar (Medio siglo de teatro español).*

José Luis Varela: *Poesía y restauración cultural de Galicia en el siglo XIX.*

José Pedro Díaz: *Gustavo Adolfo Bécquer (Vida y poesía)*.

Emilio Carilla: *El Romanticismo en la América hispánica*.

Eugenio G. de Nora: *La novela española contemporánea (1898-1960)*.

Christoph Eich: *Federico García Lorca, poeta de la intensidad*.

Oreste Macrí: *Fernando de Herrera*.

Marcial José Bayo: *Virgilio y la pastoral española del Renacimiento*.

Dámaso Alonso: *Dos españoles del Siglo de Oro (Un poeta madrileñista, latinista y francesista en la mitad del siglo XVI. El Fabio de la "Epístola moral": su cara y cruz en Méjico y en España)*.

Manuel Criado de Val: *Teoría de Castilla la Nueva (La dualidad castellana en los orígenes del español)*.

Ivan A. Schulman: *Símbolo y color en la obra de José Martí*.

José Sánchez: *Academias literarias del Siglo de Oro español*.

Joaquín Casalduero: *Espronceda*.

Stephen Gilman: *Tiempo y formas temporales en el "Poema del Cid"*.

Frank Pierce: *La poesía épica del Siglo de Oro*.

E. Correa Calderón: *Baltasar Grazián. Su vida y su obra*.

Sofía Martín-Gamero: *La enseñanza del inglés en España (Desde la Edad Media hasta el siglo XIX)*.

Joaquín Casalduero: *Estudios sobre el teatro español (Lope de Vega - Guillén de Castro - Cervantes - Tirso de Molina - Ruiz de Alarcón - Calderón - Moratín - Duque de Rivas)*.

Nigel Glendinning: *Vida y obra de Cadalso*.

Álvaro Galmés de Fuentes: *Las sibilantes en la Romania*.

Joaquín Casalduero: *Sentido y forma de las novelas ejemplares*.

Sanford Shepard: *El Pinciano y las teorías literarias del Siglo de Oro*.

Luis Jenaro MacLennan: *El problema del aspecto verbal (Estudio crítico de sus presupuestos)*.

Joaquín Casalduero: *Estudios de literatura española ("Poema del Mio Cid", Arcipreste de Hita, Cervantes, Duque de Rivas, Espronceda, Bécquer, Galdós, Baroja, Ganivet, Valle-Inclán, Antonio Machado, Gabriel Miró, Jorge Guillén)*.

Eugenio Coseriu: *Teoría del lenguaje y lingüística general (Cinco estudios)*.

Aurelio Miró Quesada S.: *El primer virrey-poeta en América (Don Juan de Mendoza y Luna, marqués de Montesclaros)*.

Gustavo Correa: *El simbolismo religioso en las novelas de Pérez Galdós*.

Rafael de Balbín: *Sistema de rítmica castellana*.

Antonio Risco: *La estética de Valle-Inclán en los esperpentos y en el "Ruedo Ibérico".*

Joseph Szertics: *Tiempo y verbo en el romancero viejo.*

Miguel Batllori, S. I.: *La cultura hispano-italiana de los jesuitas expulsos (Españoles - Hispanoamericanos - Filipinos, 1767-1814).*

Emilio Carilla: *Una etapa decisiva de Darío (Rubén Darío en la Argentina).*

Edmund de Chasca: *El arte juglaresco en el "Cantar de Mio Cid".*

Gonzalo Sobejano: *Nietzsche en España.*

J. A. Balseiro: *Seis estudios sobre Rubén Darío.*

Rafael Lapesa: *De la Edad Media a nuestros días. Estudios de historia literaria.*

Giuseppe Carlo Rossi: *Estudios sobre las letras en el siglo XVIII (Temas españoles. Temas Hispano - Portugueses. Temas Hispano - Italianos).*

Aurora de Albornoz: *La presencia de Miguel de Unamuno en Antonio Machado.*

Carmelo Gariano: *El mundo poético de Juan Ruiz.*

Paul Bénichou: *Creación poética en el romancero tradicional.*

Donald F. Fogelquist: *Españoles de América y americanos de España.*

Bernard Pottier: *Lingüística moderna y filología hispánica.*

Josse de Kock: *Introducción al cancionero de Miguel de Unamuno.*

Jaime Alazraki: *La prosa narrativa de Jorge Luis Borges (Temas - Estilo).*

Andrew P. Debicki: *Estudios sobre poesía española contemporánea.*

Concha Zardoya: *Poesía española del 98 y del 27 (Estudios temáticos y estilísticos).*

III. MANUALES

Emilio Alarcos Llorach: *Fonología española.*

Samuel Gili Gaya: *Elementos de fonética general.*

Emilio Alarcos Llorach: *Gramática estructural.*

Francisco López Estrada: *Introducción a la literatura medieval española.*

Francisco de B. Moll: *Gramática histórica catalana.*

Fernando Lázaro Carreter: *Diccionario de términos filológicos.*

Manuel Alvar: *El dialecto aragonés.*

Alonso Zamora Vicente: *Dialectología española.*

Pilar Vázquez Cuesta y María Albertina Mendes da Luz: *Gramática portuguesa.*

Antonio M. Badia Margarit: *Gramática catalana.*

Walter Porzig: *El mundo maravilloso del lenguaje (Problemas, métodos y resultados de la lingüística moderna).*

Heinrich Lausberg: *Lingüística románica.*

André Martinet: *Elementos de lingüística general.*

Walther von Wartburg: *Evolución y estructura de la lengua francesa.*

Heinrich Lausberg: *Manual de retórica literaria (Fundamentos de una ciencia de la literatura).*

IV. TEXTOS

Manuel C. Díaz y Díaz: *Antología del latín vulgar.*

María Josefa Canellada: *Antología de textos fonéticos.*

F. Sánchez Escribano y A. Porqueras Mayo: *Preceptiva dramática española del Renacimiento y el Barroco.*

Juan Ruiz: *Libro de buen amor.*

V. DICCIONARIOS

Joan Corominas: *Diccionario crítico etimológico de la lengua castellana.*

Joan Corominas: *Breve diccionario etimológico de la lengua castellana.*

Diccionario de autoriades.

Ricardo J. Alfaro: *Diccionario de anglicismos.*

María Moliner: *Diccionario de uso del español.*

VI. ANTOLOGÍA HISPÁNICA

Carmen Laforet: *Mis páginas mejores.*

Julio Camba: *Mis páginas mejores.*

Dámaso Alonso y José M. Blecua: *Antología de la poesía española. Lírica de tipo tradicional.*

Camilo José Cela: *Mis páginas preferidas.*

Wenceslao Fernández Flórez: *Mis páginas mejores.*

Vicente Aleixandre: *Mis poemas mejores.*

Ramón Menéndez Pidal: *Mis páginas preferidas (Temas literarios).*

Ramón Menéndez Pidal: *Mis páginas preferidas (Temas lingüísticos e históricos).*

José M. Blecua: *Floresta de lírica española.*

Ramón Gómez de la Serna: *Mis mejores páginas literarias.*

Pedro Laín Entralgo: *Mis páginas preferidas.*

José Luis Cano: *Antología de la nueva poesía española.*

Juan Ramón Jiménez: *Pájinas escojidas (Prosa).*

Juan Ramón Jiménez: *Pájinas escojidas (Verso).*

Juan Antonio de Zunzunegui: *Mis páginas preferidas.*

Francisco García Pavón: *Antología de cuentistas españoles contemporáneos.*

Dámaso Alonso: : *Góngora y el "Polifemo".*

Antología de poetas ingleses modernos.

José Ramón Medina: *Antología venezolana (Verso).*

José Ramón Medina: *Antología venezolana (Prosa).*

Juan Bautista Avalle-Arce: *El inca Garcilaso en sus "Comentarios" (Antología vivida).*

Francisco Ayala: *Mis páginas mejores.*

Jorge Guillén: *Selección de poemas.*

Max Aub: *Mis páginas mejores.*

VII. CAMPO ABIERTO

Alonso Zamora Vicente: *Lope de Vega (Su vida y su obra).*

E. Moreno Báez: *Nosotros y nuestros clásicos.*

Dámaso Alonso: *Cuatro poetas españoles (Garcilaso - Góngora - Maragall - Antonio Machado).*

Antonio Sánchez-Barbudo: *La segunda época de Juan Ramón Jiménez (1916-1953).*

Alonso Zamora Vicente: *Camilo José Cela (Acercamiento a un escritor).*